MAMÁ
EN BUSCA DEL
POLVO PERDIDO

Jessica Gómez

Editado por HarperCollins Ibérica, S.A.
Núñez de Balboa, 56
28001 Madrid

Mamá en busca del polvo perdido
© 2021, Jessica Gómez Álvarez
© 2021, para esta edición HarperCollins Ibérica, S.A.

Diseño de cubierta: Lookatcia
Diseño de interiores: María Pitironte
Maquetación: Safekat

I.S.B.N.: 978-84-9139-605-5
Depósito legal: M-27884-2020

*Para mi marido César, mi madre Carmen y mis hijos
Hugo, Aine y Leo, que me aguantan tanto como a Paz los suyos.
Aunque cualquier parecido con la realidad es pura coincidencia.
Para todas las Mari Paz del mundo.
Aunque seguro que no hay ninguna.
Y con particular cariño para todas las personas que salen en el libro.
Aunque todas son inventadas.*

ANTES DE EMPEZAR,
SOLO UN PEQUEÑO APUNTE:

SI NO TIENES HIJOS y te planteas tenerlos en el futuro, has de saber que todo lo que se cuenta en este libro es pura ficción. Así que no te preocupes por nada y procrea, procrea sin miedo que dicen por ahí que hay que tener niños que paguen las pensiones o no sé qué.

Tú, amiga —o amigo— sin hijos, puedes dejar de leer esta introducción aquí. Espero que disfrutes del libro y nos vemos en los bares.

* * * *

* * * *

SI TIENES HIJOS, seguro que no necesitas que te diga esto, pero aun así voy a responder a una pregunta que —todavía— nadie ha formulado: ¿Es este libro biográfico? Total y absolutamente. De la primera a la última letra, incluyendo comas, puntos, guiones, paréntesis, comillas y esas cosas que parecen flechitas que nunca recuerdo cómo se llaman. Todo lo que aquí se cuenta es verdad y ha sucedido, a mí o a alguien, en algún momento de la historia. Puede que te haya pasado a ti. Y no, no te voy a pagar derechos. Bastante hago con guardarte el anonimato.

Pero recuerda, si hablas de este libro con alguien que no tiene hijos, dile que todo es mentira. No queremos estropearle la sorpresa,

¿VERDAD?

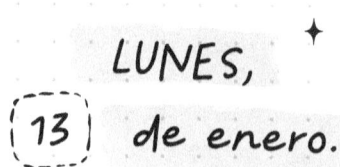

LUNES, 13 de enero.

¿Que cuándo empezó todo? No sabría decir el momento.

Así, haciendo un repaso rápido por mi memoria, yendo hacia atrás en la peli de mi vida, la primera pausa la haría en ese momento en que, sentada en la mesa de la cocina hace un par de años, entré en *shock* al ver el positivo en el test de embarazo de mi tercer hijo. O, rebobinando otro poco, pararía en ese otro momento hace casi siete años en que me quedé paralizada y sin habla durante más de media hora al ver el positivo en el test de embarazo de mi hija mediana. Esa vez estaba sentada en el sofá.

Si me voy un poco más atrás, puedo parar el vídeo en el momento en el que nació mi hijo mayor, hace diez años, y me veo ahí: agotada y sonriente con un pequeño bebé en brazos. Y solo un poco antes la felicidad de un test de embarazo positivo, y un pelín antes el momento en que Didier y yo decidimos que queríamos ser padres.

Aunque, ya puestos, podría seguir retrocediendo hasta el día que nos fuimos a vivir juntos, al día que nos conocimos, a la primera vez que me vino la regla o al preciso instante dentro del útero de mi madre en que mi doble X decidió dotarme de ovarios funcionales.

Pero no busquemos culpables.

¿Que cuándo empezó todo? Supongo que, en virtud de ser práctica —ya me lo decía mi madre, esa mujer capaz de echarse laca en el cardado durante media hora: «Hija, tienes que ser práctica»—, podría decir que la hecatombe se desató hace once días. Y la cosa sucedió como sigue.

Estábamos a 2 de enero. Era un jueves aciago. Bueno, en honor a la verdad era un jueves normalito, pero siempre he querido empezar una historia diciendo que era un día aciago porque queda muy profesional. Como decía, era jueves, día 2, y yo aún tenía rodando por la mesa del salón restos de la cena de Nochevieja, consistentes sobre todo en pepitas de uva que no dejaban de aparecer pegadas a todas partes y trozos de turrón rechupeteados por alguien —nadie sabía por quién—; de esto que te da pena tirarlo pero te da asco comerlo y tu estrategia es dejarlos ahí hasta que «accidentalmente» se los coma el perro o, en su caso, críen vida propia y los puedas tirar sin remordimientos.

Como fuera, era día 2 y yo estaba agotada porque el fin de las fiestas tiene ese efecto en mí. Como el inicio de las fiestas, las fiestas en sí mismas y la vida en general, que es agotadora. Pero ese día sucedió algo especial, una de esas singularidades cósmicas; un caso raro como, qué sé yo, un error de Hacienda a tu favor o una monja borracha: los niños se durmieron pronto. Y Didier y yo teníamos ganas de mambo, así que, rescatando ese poquito de energía que aún palpitaba bajo capas y capas de sueño, nos pusimos al lío. Pero, claro, si es fácil no tiene gracia.

Los niños se habían dormido pronto, sí, pero en los lugares equivocados. Los dos mayores estaban espatarrados en nuestra cama; el bebé dormía hecho un ovillo en el sofá y, por supuesto, moverlo no era una opción en ese momento, porque, en estas situaciones, las probabilidades de que el niño se despierte y se desvele en el proceso son directamente proporcionales a las ganas que tú tengas de follar.

Las superficies blandas disponibles en toda la casa se reducían a dos: la cama de la niña, que soporta máximo sesenta kilos, y la litera del niño que, aparte de que está llena de muñequitos del Minecraft que me miran fijamente y me cortan el rollo, pues no está pensada para dos adultos haciendo flexiones —afortunadamente para mi hijo, porque le ahorrará algún que otro trauma—.

Pero no pasaba nada, porque el amor es joven y nosotros estábamos fogosos: así que nos fuimos al suelo. Y descubrí una verdad horripilante: que el amor es joven, pero mis rodillas se ve que no.

¡¡¡UN DERRAME!!!

Un puto derrame se me hizo en la rodilla izquierda que se me puso **MORADA** como una berenjena vasca y la tuve así diez días. ¡¡DIEZ DÍAS!! ¡¡Pero que tengo treinta y nueve años!! ¡¿En qué momento, por favor, en qué momento de mi vida me he convertido en una **SEÑORA** a quien le sale **UN DERRAME EN LA RODILLA POR ECHAR UN POLVO?!**

Le cuento mi vida a Shakespeare y me escribe tres tragedias. Un derrame, joder. ¡Joder!

Y este ha sido el punto equis, la zona cero, la hora hache: me niego —espera: una vez más, con más fuerza—, **ME NIEGO** a aceptar que mi vida sexual se ha convertido en esto. ¿Qué coño estamos haciendo mal? A ratos parece que nos mendigamos, a ratos que nos evitamos y cuando, ¡oh, gloria!, nos encontramos, ¿voy y me reviento una rodilla? ¿En serio?

No, si la culpa es mía porque, claro, una parte de mí —la parte estúpida, probablemente— se quedó embarazada a los veintinueve años y pensaba que iba a tener un bebé y que luego ese bebé crecería, algún día se iría de casa y yo podría retomar mi vida en el mismo punto que la había dejado antes de convertirme en madre. Y va y resulta que no, que mientras el niño tiene la desfachatez de crecer, yo tengo la inconsciencia de ir haciéndome mayor, y aún no me he enterado.

Pues esto se acaba aquí. No voy a seguir dejando pasar el tiempo, como esperando que de pronto un día todo vuelva a ser como antes, como si aún creyera que cuando Didier y yo volvamos a tener tiempo para nosotros seguiremos teniendo treinta años. Estoy motivada. Estoy decidida. Esto cambia a partir de ya. Llámame loca, pero **TENGO UNA MISIÓN:** voy a echar un polvo, pero un polvo en condiciones, un **SEÑOR POLVAZO,** con el padre de mis hijos.

MARTES, 14 de enero.

Hubo una época en la que yo tenía tiempo —y me sobraba— para ir, por lo menos por lo menos, una vez al mes a hacerme la cera en todo el cuerpo. Luego nació Gabriel y, salvados sus primeros meses de vida, recuperé la costumbre, aunque en lugar de una vez al mes, pues bueno… Cada tres meses o así me pasaba por allí a que me dejaran lisa y limpita. Y poco antes de que naciera Maya recuerdo perfectamente que estaba espatarrada en la camilla con las ingles dispuestas a entrar en faena, y Eva me dijo, desde esa posición de autoridad que solo un palito untado en cera caliente puede otorgar:

—Maja, menuda pelambrera tienes aquí. No sé si voy a tener cera bastante para quitarte todo esto.

A lo cual respondí en forma de promesa:

—Ya, es que me he organizado fatal… Pero ahora con la segunda, como ya tengo práctica del primero, seguro que todo será más fácil. Así que me voy a organizar bien y voy a volver a venir una vez al mes por lo menos.

Y esa fue la última vez que me hice la cera.

¿Por qué? Pues porque nunca es demasiado pronto ni demasiado tarde para creer que lo sabes todo y, en consecuencia, escupir gilipolleces que luego te tendrás que volver a tragar.

Así que, desde que nació Maya, depilación de vez en cuando a cuchilla y, también de vez en cuando, unas pincitas en las cejas. El bigotillo nunca más, porque lo de las cremas —una cosa tan de mi madre— no termina de encajar conmigo y, sobre todo, porque hay algo dentro de mí que se resiste a ver mi propia imagen en el espejo afeitándome el bigote con una maquinilla igual que mi padre. De hecho, desde que nació Teo —y de eso hace más de un año—, tampoco he vuelto a depilarme las cejas. Aunque no me preocupa, porque por lo que veo en Instagram me parece que depilarse las cejas ya no está de moda.

Pero el **SEÑOR POLVAZO** que voy a echar con Didier, en mi mente, implica muchas cosas; como un montón de *tequieros* y guarradas a la oreja, bastante de mirarse a los ojos y sonreír como si fuera la primera vez que nos vemos en un largo tiempo y muchos, muchos minutos de caricias, de estas de «disfrutar cada centímetro de nuestra piel». Y las caricias a contrapelo no son eróticas, así que vamos a empezar preparando el terreno: me voy a hacer la cera. Y puede que después me vuelva loca e incluso me ponga cremitas perfumadas o alguna cosa de esas. Dero y yo llevamos sin tocarnos desde el incidente de la rodilla, pero no podremos resistirnos a una piel suave que huela a… No sé, ¿a qué huelen esas cremas?

Como muestra de mi renovada energía y de mi ánimo de volver a dominar mi vida y hacer que las cosas cambien, hoy me levanté al primer toque de despertador. Oí a Dero levantarse en la habitación de al lado —porque anoche Gabi nos pidió muy por favor y muy fuerte que si podía dormir conmigo y su hermanito, así que se intercambiaron el sitio—. Me fui a la cocina a ponerme con los desayunos de los niños y, justo cuando le iba a preguntar a Dero si quería el café frío o caliente, oí la ducha. Me asomé por la puerta del baño:

—¡Iba a ducharme yo!

—¿Y yo qué sabía?

—… —Apreté los labios.

—¿Qué?

Pensé: *Podías haber preguntado*. Dije:

—Nada.

Esto suponía un ligero contratiempo, porque no puedo ir a hacerme la cera sin ducharme antes, pero seguro que encontraba un rato.

Puede que después de comer, antes de llevar a Maya a la clase de pintura... Tendré que comer rápido.

Volví a la cocina y rematé los desayunos de los niños: tostadas con mantequilla y unas rebanaditas de plátano. Cuando abrí el armario de las mierdas azucaradas para coger unas pocas lágrimas de chocolate negro —que les pirran con el plátano—, una de las bisagras se desencajó y la puerta me aplastó el pulgar.

¿Por qué, oh, Hado Adverso? ¿Por qué cada vez que quiero mejorar mi vida me castigas?

Me asomé otra vez a la puerta del baño, chupándome el dedo.

—Dero, se ha roto una bisagra del armario de las mierdas. ¿Lo podrás arreglar?

—Claro.

—Pero ¿pronto?

—Que sí, que sí. Esta semana lo hago.

—Ya...

En fin. Los desayunos son uno de los motivos por los que ahora mismo les caigo mal a mis hijos, desde que hace dos semanas les dije que el azúcar se iba a acabar en esta casa, pero me consuela pensar que tal vez, cuando crezcan, sea uno de los motivos por los que me quieran más. Les preparé también dos bocadillos de queso que guardé en las mochilas, puse los desayunos en la mesa, acompañados de dos vasitos de leche, y fui a por ellos.

Mientras Dero llevaba en brazos a Maya hasta la mesa, yo desperté a Gabi con mucho —muchísimo— cuidado de no despertar a Teo, porque que el bebé se despierte antes de tiempo puede alterar toda la estructura de la realidad contenida en mi casa por las mañanas. Mi prepubescente de diez años tenía mimito, lo llevé en brazos a él también hasta la mesa y le di un beso en la cabeza a mi hija, que en ese momento miraba sus rodajas de plátano con cara de asco:

—Buenos días, Maya.

Y Maya me dio los buenos días con esa combinación que solo le he visto hacer a ella: poner cara triste y hablar con voz enfadada:

—No quiero llamarme Maya.

Ya empezamos. Mil páginas de internet, doce candidaturas, dos meses de dudas y una discusión con su padre para elegirle nombre, para que ella se lo cambie todas las semanas.

—Ah, ¿no? ¿Y cómo te quieres llamar?

Entonces se le iluminó la cara —porque obviamente había elegido el nombre más increíble del mundo— y dijo feliz y sonriente:

—Quiero llamarme Isla.

—¿Isla?

—Sí.

—Pues muy bien, Isla —le dije, dándole una palmadita en el hombro—. Es un nombre precioso. Cómete el plátano rápido que se nos hace tarde.

Dero, ya vestido, apareció por el pasillo con la ropa de los niños.

—Es al revés.

—¿Qué es al revés?

—Que hoy es martes, la que tiene gimnasia es Maya.— Le cogí la ropa de los brazos y lo miré con un poco de condescendiente amabilidad—. Vete a desayunar, anda, que ya se la cojo yo.

Cambié rápido los *leggings* de Maya por su chándal, y el chándal de Gabi por… Bueno, por el otro chándal de Gabi; el que se pone los días de no-gimnasia. Le grité a Gabi que le diera de comer a Gatalina y fui a vestirme rápido mientras Dero salía de casa con Ronin, que bajaba las escaleras como si hubiera nacido con el único propósito de hacer pis. Tengo la teoría de que los perros tienen un código secreto y que el primero en mearse en el único arbolito de mi calle se lo queda el resto del día.

A las ocho y media en punto mi marido y mis dos hijos mayores salían por la puerta de casa. En la cocina, Gatalina me miraba suplicante junto a un comedero vacío. Aproveché la leche que los niños habían dejado para hacerme el café —por el que en ese momento sentía más deseo del que jamás podré sentir por hombre alguno—, y me lo tomé de un par de sorbos mientras echaba de comer a la gata y al perro. Fui a ordenar rápido el sofá: quité los pijamas del respaldo, coloqué los cojines y, *¡oh!, sorpresa:* unas braguitas de *Frozen* por ahí escondidas.

Estoy hasta las narices de recoger ropa sucia cada día en el sofá. Voy a empezar a tirarla, ya verás cómo espabilan cuando se queden sin ropa interior.

Eché un ojo a Teo para asegurarme de que seguía durmiendo plácidamente. La experiencia me decía que eso podía cambiar en cualquier momento, así que fui volando a peinarme y a lavarme los dientes. Habría jurado que antes de irme a dormir había dejado mi cepillo de dientes eléctrico cargando, pero en su lugar estaba el de Didier, así que tuve que cepillarme los dientes con un cepillo eléctrico apagado. A mi periodoncista esto no iba a gustarle nada.

* * * *

A las nueve y cuarto llegué con Teo a la puerta de la guardería, a cuatro calles de mi casa. Es el peor momento del día, con diferencia. Si existe una forma de hacer entender a mi bebé de un año y medio que no voy a abandonarlo para siempre y que, si pudiera, me lo llevaría conmigo al trabajo, yo no la conozco. Y si existe una forma de hacer que ninguno de los dos esté llorando a moco tendido a las nueve y veinte, tampoco sé cuál es.

—Pero, mujer, tú no llores —me dijo, con toda su buenísima voluntad, la cachonda de la cuidadora—. Si luego él está supercontento y de ti ni se acuerda.

No me consuela que me digas que mi bebé adorado se olvida de su madre en cuanto me pierde de vista, ¿sabes? Además, sé que me mientes. No me mientas, joder.

—Carla, llevamos así un mes. Yo creo que algo no estamos haciendo bien…

Teo empezó a balbucear «*tita, tita*» entre un sollozo y otro, así que lo cargué sobre una cadera y me saqué la teta izquierda para calmarlo un poco. Carla me miró con ternura, y me dijo sonriendo:

—Marisol cree que este es el problema.

Marisol que se preocupe de gestionar papeles y hacer cuentas, y que me deje a mí la educación de mi hijo, por favor.

—Ya —contesté—. Bueno, no sé, ya veremos.

Me di cinco minutos más para amamantar y achuchar a mi bollo y, con el corazón descosido, dejé a Teo en brazos de Carla, esa arpía malvada que cuida a mi hijo pequeño y hasta osa darle de comer mientras yo no estoy.

Cogí el autobús por los pelos, y aproveché el trayecto para poner en marcha mi plan. Saqué el móvil y busqué en la agenda. No tenía el número —debí perderlo en algún cambio de teléfono—, pero ahí estaba Google para solucionarme la papeleta. Llamé.

—Crème Vanille, buenos días.

—Hola… ¿Eva?

—No, Eva no llega hasta las diez. ¿Le quieres dejar algún recado?

—No, no, no hace falta. Quería ver si podría pedir cita para esta tarde.

—¿Para qué sería?

—Quería… —Noté en el cuello la mirada de la señora sentada a mi lado, esa sensación certera de que alguien sin nada mejor que hacer está pendiente de tu conversación. Intenté bajar un poco la voz—. Quería hacerme la cera.

—¿Qué zona?

Miré de reojo a la señora. Sí, claramente tenía la antena puesta. Bajé la voz otro poco.

—Todo.

—¿Todo qué?

Joder, qué pesada.

—Pues todo.

—¿Labio, cejas, axilas, piernas e ingles?

No, coño, tanto no.

—Tanto no.

—¿Entonces?

La señora me seguía mirando. Aquello era ridículo.

—Piernas e ingles.

—¿Completas o brasileñas?

—¿Qué?

—¿Completas o brasileñas?

Ya te había oído la primera vez, boba, es que no tengo clara la diferencia.

—No lo tengo claro. ¿Lo puedo decidir después?

—Sin problema. A las cinco hay sitio.

A las cinco no me da tiempo.

—A las cinco no me da tiempo a llegar. ¿Podría ser un poco más tarde?

—Más tarde ya está todo cogido. Solo me queda a las cinco, y si no para el jueves.

—Ok. A las cinco entonces.

Bueno, Dero puede llevar a Maya a pintura y también a Gabi y a Teo. No hay problema.

—¿Tienes ficha de clienta?

No sé si es que yo empezaba a caerle plasta o que la tipa estaba masticando chicle, pero no me gustaba nada el tonito que estaba cobrando la voz al otro lado del teléfono.

—Pues no lo sé…

—¿Cuándo fue la última vez que viniste?

—Pues tampoco lo sé…

Y oí una exhalación al otro lado de la línea.

Perdona, tía petarda: ¿ACABAS DE SUSPIRAR?

—Bueno, pero hará menos de un año, ¿no?

—No, no. Más de un año seguro.

—Uy, cariño, entonces ya no tienes. Todas las fichas de más de un año las borramos.

Me han borrado. Una tiene hijos y la borran de la vida. Sacadme la sangre, donad mi cuerpo a la ciencia, quedaos con mi móvil, qué importa ya…

—Pero no te preocupes —siguió la voz del chicle— que te hacemos otra sobre la marcha.

—¡Ah, ok! ¡Gracias! —respondí animada—. Hasta esta tarde.

Colgué y miré a la señora de al lado que, automáticamente, giró la cabeza para mirar por la ventanilla con disimulo. Puede que tenga una mente algo retorcida, pero preguntándome a qué vendría la intriga de la mujer por mi cruzada depilatoria no pude evitar pensar si no sería simple y sana curiosidad, teniendo en cuenta que sus cejas no estaban hechas de pelo, sino que estaban asimétricamente dibujadas por una delgada línea de lo que parecía perfilador de labios marrón. Preferí ignorarlo y darme a mi pequeño placer de todas las mañanas —que es el único ratito que consigo tener para ello en todo el día—: sacar mi libro del bolso y leer sin más distracción que una voz ocasional anunciando la próxima parada. Estoy leyendo a Pratchett.

Madre mía, qué placer.

* * * *

No sé cómo lo hace, pero el autobús siempre consigue transmitir al universo el estado temporal con el que yo llego a la parada. Si yo llegaba temprano —aquellos tiempos en que conseguía ir temprano—, parecía que las calles se abrían a su paso para que él avanzara raudo y yo pudiera llegar a mi destino con tiempo para, incluso, tomarme un café rápido antes de entrar a trabajar. Sin embargo, otros días, como hoy, es como si el conductor quisiera hacer patente para que lo vea todo el mundo que yo voy con el tiempo pegado al culo, y para ello el autobús llegó tarde a mi parada. Y yo llegué cinco larguísimos minutos tarde al trabajo.

Me fui a mi mesa, encendí el ordenador y abrí el Illustrator pensando que nadie, salvo Javi y María —cuyas mesas lindan con la mía al frente y a la izquierda—, se habría dado cuenta. Pero antes siquiera de haberme puesto las gafas, la nariz del jefe asomó por encima del panel que separa mi mesa del pasillo imaginario que, a su vez, nos separa a los de diseño con la zona de muestras e impresión.

—¿Acabas de llegar, Paz?

No.

—Sí.

—¿Podemos hablar un momento?

No quiero.

—Claro.

Vicente es uno de esos jefes que quieren ser modernos y comprensivos, y para conseguirlo lo que hace es echarte la bronca sin gritar —cosa que agradezco mucho— y sin usar insultos —cosa que agradezco aún más—, pero la bronca, llevar, te la llevas igual. Y, además, te jode el doble porque, como te lo dice sonriendo y de buen rollo, pues al final sales hecha mierda porque si al menos te gritara, podrías irte pensando que es un gilipollas y así equilibrarías la situación, pero como es muy guay y muy amable, pues eso: que sales hecha mierda. Que su despacho de jefe moderno no tenga paredes porque quiere «ser uno más entre sus empleados» no ayuda a mejorar la cosa, porque estar estarás en su mesa, pero oír, lo oye todo el mundo.

—A ver, Paz, yo entiendo que necesitas un tiempo para readaptarte al trabajo, pero es que hace ya un mes que volviste de la excedencia y estás llegando tarde casi todos los días —dijo mientras me hacía un gesto con la mano para que me sentara, aunque él se quedó de pie apoyado en el pico de la mesa, lo que hizo que yo tuviera que levantar mucho la cabeza para poder mirarlo. Esta técnica es de primero de mafioso—. Si encima de que estás con jornada reducida me llegas tarde a diario, ¿el trabajo cuándo me lo resuelves?

—Ya, Vicente, perdona. Es que dependo del autobús…

—Pues tendrás que coger el autobús antes.

—Vicente, si pudiera hacer eso, ya lo habría hecho. Es que no me da tiempo a coger el anterior, si no Didier y yo no nos arreglamos con los niños.

—¿Y pretendes repercutir en el trabajo tu falta de organización en casa?

Ahí estaba. Ojalá me hubiera dicho eso gritándome para poder llamarlo gilipollas, aunque solo fuera en mi mente. Pero no: me lo dijo con su voz de colega que intenta hacerme ver una cosa obvia, como cuando yo le pregunto a Gabi: «¿Y estás esperando a ver si tus platos se recogen solos?».

Qué hijo de puta, Vicente.

—Lo siento, Vicente.

—Mira, Paz, soluciónalo como quieras, pero soluciónalo. Entiende que no es justo para el resto de tus compañeros.

—Vale, Vicente.

Me levanté para irme y, cuando tenía el culo a media asta, añadió:

—¡Ah! Y aún tienes que hacer las dos formaciones que te faltan.

Me pregunto si mi cara de conejito ante un camión en la autopista fue muy evidente para él porque siguió:

—Las que hicieron los demás mientras estabas de excedencia. Ponte al día. Y tienes de tope hasta que termine el mes o no nos entra para las subvenciones. Luego le digo a Lucía que te mande las claves de acceso.

—Va… Vale.

Se hizo un silencio un poco incómodo, como si Vicente quisiese echarme de su mesa de una puta vez, pero no quisiera ser grosero —porque es un jefe moderno— y yo no supiera si ya tenía permiso para que mi culo recorriera la otra mitad del camino hasta la verticalidad. Al final, Vicente tosió, y yo me fui, creo que aún ligeramente encorvada.

* * * *

Recogí a Teo en la escuelita a las dos y media, nos fuimos a casa y, en cuanto abrí el portal, oí gritos que sospeché serían de Gabi y Maya, discutiendo a saber por qué. Tal vez uno le hubiera dado un mordisco demasiado grande al pastel imaginario del otro.

Cuando llegué al tercero, antes de abrir la puerta, oí también a Didier, coherente como solo él sabe serlo, gritándoles a los niños que no quería seguir oyendo gritos. Mi bebé y yo nos miramos y creo que los dos dudamos si abrir la puerta número dos o quedarnos con el apartamento en Torrevieja. Pero, venga, a esta casa se viene a jugar: abrimos la puerta y adentro.

Dero había hecho para comer unos elaboradísimos y complejos macarrones con tomate. Insistí en añadir un par de latas de atún para que al menos los niños comieran algo de proteína, para su disgusto.

—Venga, Maya, si hasta ayer te gustaba el atún…

—¡Que no me llamo Maya! ¡Que me llamo Isla!

—Pues más a mi favor. A las islas les gustan los atunes. —Miré a Dero pensando ya en mi plan para esta tarde, e intenté sacar una sonrisa en «código pareja»: con una evidente intención traviesa para nosotros, pero sutil como para que la pillaran los niños—. Esta tarde tengo que ir a un sitio a las cinco.

—Ni de coña.

Pues no me ha funcionado el «código pareja».

—¿Cómo que ni de coña?

—Paz, que yo esta tarde trabajo.

—¡¿Pero cómo que trabajas?! ¿Esta semana no estabas solo por las mañanas?

—No, le cambié el turno a Aitor, te lo dije el viernes.

—Creía que era solo ayer…

—No, *amore*. Voy toda la semana a horario partido.

—¡Mierda!

Unas risitas tras unos platos de pasta con el atún intacto confirmaron que mamá había dicho «mierda» muy fuerte. Teo, por su parte, lanzó tres macarrones por el aire que fueron a estrellarse contra la nevera, en prueba de disconformidad. O de conformidad, yo qué sé.

—¿Era importante? —preguntó Dero—. ¿Llamo a mi madre?

—¡NO! O sea —rectifiqué, bajando decibelios—, no, no, tranquilo. No es urgente, lo puedo cambiar.

A las cuatro en punto de la tarde Dero se fue y yo llamé al Crème Vanille —que yo nunca entenderé por qué Eva le puso un nombre tan rebuscado, si ella es de mi barrio de toda la vida y no ha pisado Francia desde que tenía ocho años y la llevaron a Disneylandia. Con lo bonito que habría sido que le pusiera al sitio el nombre de su padre: Emiliano. Que vale que tiene mala rima, pero a Emiliano lo conoce todo el mundo. Lo habría petado—.

—Crème Vanille, buenas tardes.

Qué suerte la mía, la del chicle otra vez.

—Hola, soy Paz Noriega, tengo cita a las cinco… —suspiré, resignada—. ¿Podríamos cambiarla para el jueves?

Estoy segura de que oí su cara de indignación por anular una cita con tan poco tiempo. Tengo la habilidad de oír las caras. Y también la de ponerme la pierna por detrás de la cabeza, pero a esa —increíblemente— le saco menos partido.

—Muy bien, señora Noriega. Le pongo el jueves a las cinco.

Hubo un tiempo en que el «señora Noriega» habría desatado la furia en mí. A mis poquísimos treinta y nueve años ya estoy, tristemente, acostumbrada. Malditos.

—De acuerdo, gracias.

Muy a mi pesar no me quedó otro remedio que implicar a mi madre en mi plan. Abrí la agenda del móvil y toqué su nombre.

—Hola, mamá.

—¡Hombre, buenos ojos te oigan!

Me prometí a mí misma que, por muy madre que yo llegue a ser y por muchos nietos y bisnietos que llegue a tener, jamás diré una frase como esa. Aunque una voz dentro de mí me susurró: «Este será otro *yonunca* que te acabarás tragando».

—Mami, necesito pedirte un favor. ¿Podrías quedarte con los niños este jueves por la tarde? Tengo que ir a un sitio.

—¿Adónde?

Sabía que no podría evitar darle detalles: era una batalla perdida antes de empezar, un duelo de espadas al que yo acudía armada con un calcetín, así que ni lo intenté.

—Voy a hacerme la cera.

—¡Hombre, qué bien! ¡Ya era hora de que te arreglaras un poco!

—Sí, ya…

—Es que, hija, no te cuidas nada —y continuó un murmullo constante de amoroso reproche materno que se fue volviendo un poco inaudible mientras yo intentaba cerrar la conversación.

—Ya, mami, ya, oye, escucha, que no me puedo liar, que tengo que llevar a Maya a pintura y estoy sola con los tres.

—Vete limpia, ¿eh? ¿Tienes ropa interior limpia? —seguía el murmullo.

—Mamá, sí, mami, que tengo que colgar. ¿Te parece bien si te los llevo después de comer?

—Vale, sí. ¿Y a la peluquería cuándo vas?

—Te veo el jueves, mami, ¿vale? Muchas gracias.

Respiré hondo al colgar. Tocada, pero no hundida.

Maya apareció por mi izquierda, con sus largos — largos largos— rizos al viento y un papelito doblado en la mano.

—Traigo carta del cole.

—Ah, muchas gracias, Isla.

Abrí el papelito:

Estimadas familias:

Hemos detectado piojos en clase.
Por favor, revisad cabecitas.

Me cago en la puta.
Pues empezamos bien.

MIÉRCOLES, 15 de enero

La buena noticia es que, tras un exhaustivo examen, pudimos confirmar la no presencia de piojos en las cabezas de nuestros dos hijos mayores.

La noticia regular es que, al final, hube de comprobar yo ambas cabezas, porque Didier no distingue una liendre de una pelusa. Probablemente tampoco distinguiría una liendre de un huevo de pato —y que conste que digo esto en favor de las pelusas—. Y la noticia mala es que ayer por la tarde no pude comprar un antipiojos, así que por la noche tocará otra sesión de comprobación de pelos, incluidos los de los adultos y, claro, los del bebé.

Lo que probablemente nos tendrá bien entretenidos a los cinco hasta tarde, apretaditos en un baño que apestará a amoníaco —por mucho que la pegatina diga que esa mierda antipiojos huele a melocotón—. *¡Yuju!*

* * * *

A las cinco y media de la tarde estaba en el parque con Maya y Teo, esperando a que Gabi saliera de clase de cocina, y me entró un wasap de la Vane.

Oye, puta gorda

Qué

**Que cuando nos vemos, que te tengo
que contar :D**

Pff
No sé, titi,
estoy hasta arriba

**No me habías dicho que esta semana
tenías las tardes?**

Sí, tenía, pero a Dero le han cambiado
el turno

**Joder
Y si vienes con los críos?**

A que escuchen tus guarradas???
No, gracias

Y dejarlos con tu madre?

Es que ya se los voy a llevar mañana
Que tengo que hacer una cosa :P

**Ah, muy bonito, no tienes tiempo pa mí
y tienes tiempo pa una cosa**

Posí

**Tía, en serio, que te tengo que ver, que
te tengo que contar algo muy fuerte!!!**

A ver si para la semana que viene me
arreglo, vale?

Okkkk

La Vane y sus movidas del Tinder y del Wapa. A ver a qué gilipollas superincreíble ha conocido esta vez.

JUEVES, 16 de enero

Estamos en racha: libramos piojos, y eso siempre es una gran noticia, porque solo hay una cosa en el mundo que me produzca más tedio que limpiar los armarios de la cocina, y esa cosa es despiojar los rizos de Maya, que empieza a decir que le estoy haciendo daño antes de que la toque y sigue quejándose de dolor de cabeza «por mi culpa» una semana después. Si algo acaba por joder para siempre nuestra relación madre-hija, no será lo mal que yo pueda llegar a gestionar su adolescencia ni un posible consumo de drogas —por parte de cualquiera de ambas—: serán los piojos.

Pero no tenemos piojos, así que todo bien. Mi hija y yo nos seguiremos queriendo.

* * *

Tuve el tiempo justo y necesario para comportarme como una madre negligente y darme una ducha mientras el bebé dormía una minisiesta y Dero sacaba al perro en cuanto terminamos de comer. Conseguí estar en casa de mi madre con los tres niños a las cuatro y veinte.

—¡Hola! —Nos recibió mi madre feliz—. Ay, ¡qué guapos estos niños! —Tres, dos, uno...—. ¿Vas a ir así vestida?

Si es que no se puede aguantar, la pobre.

—Claro. ¿Cómo quieres que vaya?

—Mujer, pues un poco arreglada.

—Mamá, que voy a depilarme…

—¿Te has puesto ropa interior bien?

—*Nop.* —Me miró con cara de susto—. No llevo bragas.

—¡Mari Paz!

—Que sí, mamá, jolines. Todo en orden. Me voy corriendo que voy justa, ¿vale?

Le di un beso gordo y me di la vuelta mientras ella iba cerrando la puerta.

—¡Ah! ¡Mamá! ¡No les des azúc…!

PLAS. Puerta cerrada.

Bueno, son solo un par de horas. Me voy que no llego.

* * * *

—Maja, menuda pelambrera tienes aquí.

—Eva, si no tuviera pelos, no tendría que venir a que tú me los quites.

Sentir el pegote caliente y pegajoso de repente sobre la ingle es una de esas razones indirectamente responsables de que no me entusiasme ir a depilarme. Aparte del tirón, claro. Es lo más parecido a la revisión de ginecología: intentas llevarlo con dignidad y poner cara de que no te importa estar ahí, pero preferirías estar en cualquier otro sitio un poco más amable, como sacándole punta a los cuernos de Satanás.

—¿Y qué quieres? ¿Quitarlo todo?

—Sí.

—Pero ¿todo todo?

Joder, ya empezamos.

—Yo qué sé, Eva, no sé. Todo.

—¿No te dejo ni un solo pelo en toda la zona?

—A ver, sí, algo sí, no sé. Un bigotillo o algo por el estilo, que se vea que es de una mujer adulta, vaya.

—¡Ay, maja! Tranquila, que se nota de sobra que eres adulta y que de aquí han salido tres criaturas. ¿Tú has visto cómo tienes esto?

PERO VAMOS A VER, HIJA DE PUTA. Eso no me lo dices en la calle y con las bragas puestas.

—¿Cómo lo tengo?

—¡Puff! —Tirón, lagrimita rodando por la mejilla—. ¿Has pensado en blanquearte los labios?

Ahora mismo en lo único que pienso es en darte una patada, Eva, y salir de aquí corriendo con el culo al aire.

—¿Blanquearme los labios? Pues no, no… No lo había pensado.

—Luego te doy una tarjeta de una clínica que ha abierto aquí cerca. —Pegote de cera, plasplasplás—. Está super de moda ahora, queda precioso.

—Ya, vale… Bueno, tú déjame un bigotillo o algo, ¿vale?

—¿Luego vas a querer que te haga un tratamiento con crema?

—¡Ay, sí, porfa! —Cremitas guais *bienolorosas,* irresistibles como hormonas de jabalí.

—¿Tienes mucha prisa?

—Tengo que recoger a los niños en casa de mi madre a las seis y media para llevar al mayor a robótica.

—Uf, nena… Pues no nos va a dar tiempo… Es que vaya cómo tienes esto. —Plasplás, tirón, lagrimón.

—Eva.

—Dime.

Vete a la mierda.

—Nada.

Lo conseguí: pelada y lista para la acción. A ver, más o menos, porque tuve que salir corriendo y con las prisas se me quedó algún grumillo de cera por ahí pegado —de esos que se van enganchando a las bragas y te van dando tironcitos y ves las putas estrellas— y ojalá me hubiera puesto un chándal, porque el roce del vaquero con mis muslos y de mis muslos entre sí era tan irritante y doloroso como… Bueno, pues como un potorro recién depilado.

Recogí a los niños de casa de mi madre, cargué a Teo en la mochila y fui con él y con Maya al Mercadona que hay al lado de la clase de robótica mientras Gabi estaba allí, aprendiendo a hacer marionetas de LEGO que algún día dominarán el mundo —y muy merecidamente, porque unos bichos capaces de convertirse en cualquier cosa y de doblegarte de dolor si te pillan descalza son claramente una raza superior—.

Iba metida en toda mi lista mental de cosas que había que comprar para casa, rendida ya a la realidad de que seguro que se me olvidaba algo, cuando pasé por delante de la sección de cosméticos y se me encendió una brillante bombillita.

Podría comprar aquí alguna cremita para este afilador de cuchillos que tengo ahora mismo entre las piernas, para quedar suave y exóticamente perfumada.

No soy muy ducha en esto de las cremas, pero eché un ojo a las etiquetas —mientras Maya metía en el carrito, como quien no quiere la cosa, un blíster de gomas para el pelo y un bálsamo labial de *La patrulla canina*— y al final me decanté por una que ponía que olía a mango y fruta de la pasión.

Oh, esto es lo que yo busco.

Metí la crema al carro, emocionada ante la perspectiva que se abría ante mí de tener un rato íntimo y afrutado con Didier. ¿Qué podía fallar si **el chumino me olía A PASIÓN**? Nada, nada podía fallar. Era imposible que nada fallara.

* * * *

Doce de la noche.

—Niños, ¿estáis seguros de que la abuela no os ha dado azúcar?

Nadie sabe. Nadie contesta.

Didier se durmió el primero. **Maldición.**

VIERNES, 17 de enero

No pasa nada. Esto no es como cuando te pasas la cuchilla, que a los dos días ya te está picando todo porque los pelillos salen empujando por lo gordo —por lo gordo del pelito, quiero decir— y es como frotarte un estropajillo por el toto. No, esta mierda es buena: la cera lo saca todo y, aparte de que, cuando sale, sale más suavecito —o eso creo recordar— tarda más en salir, y aún tengo por delante varios días de piel suave, lista para una sesión de sobeteo e introspección bucal, sesión que en mi mente imagino insultantemente larga, como la saga de *Fast & Furious*.

Me siento más ligera, más ágil y, además, tengo una inquietante sensación de fresquito en el chumi; una cosa parecida a un calambrito, como si pudiera notar cómo se enredan los pelitos que ya no tengo. El síndrome del pelito fantasma. **Esto marcha.**

Y con este ánimo vigoroso empecé el viernes, que es un día que *per se* me encanta, porque yo todos los viernes me levanto pensando que al día siguiente es sábado y por fin podré dormir la mañana y eso es algo que necesito mucho. Siempre.

Me levanté al primer toque de despertador. Bueno, en realidad al segundo, pero que solo hay cinco minutos de diferencia y son los cinco minutitos más de rigor, así que me levanté bien de tiempo. Pero sí se había levantado al primer toque y ya estaba haciendo el café cuando yo entré en la cocina.

—Buenos días, *amore* —le dije poniendo mi más seductora sonrisa mientras le tocaba el culo con una palmada.

—¿Qué te pasa?

—Nada… —le respondí, forzando un poco más mi sonrisa juguetona, para que leyera en ella que estoy TODA depilada—. ¿Por qué lo preguntas?

—Que te hace la boca una mueca. ¿Te duelen las encías otra vez?

Adiós sonrisa.

—Estoy sonriendo, gilipollas.

—¿Y desde cuándo sonríes así?

—… —Definitivamente, ya no sonreía cuando le quité la mano del culo.

—¡¿Qué?!

Que no me lo pones fácil, patán.

—Nada —dije, volviendo los ojos tan hacia arriba que casi alcancé a verme la nuca por dentro—. Voy a despertar a los peques.

Levanté a los mayores, me vestí rápido y saqué a Ronin a hacer sus cosas de Ronin mientras todos desayunaban. Cuando volví a casa, Maya jugaba con su cepillo de dientes y Gabi se sacaba mocos mirando al infinito, aún descalzo, sentado en el sofá.

—¡Venga, chicos! —dije sonriendo, aguantando mis ganas de hacer de altavoz del reloj y pegar un grito—. ¡Pis y dientes!

Les ayudé a terminar de prepararse y, justo cuando los abrazaba antes de que se fueran con Didier, me dio por preguntar:

—¿Qué lleváis hoy de almuerzo?

—No sé —dijeron ambos.

—¿Qué llevan? —pregunté a Didier.

—¿No se lo has puesto tú?

¿Cuándo, Didier? ¿Mientras les ayudaba con los dientes? ¿O mientras estaba en la calle con el perro?

—No. —Decidí que no dejaría que estas pequeñas vicisitudes, normales en nuestra rutina ajetreada de padres de tres, echara abajo mis ganas de «estrenar» mi preciosa depilación—. Venga, no pasa nada. Chicos, hoy lleváis un plátano.

Se oyeron dos larguísimos jos que yo sentí mucho, pero, mira, les viene bien comer fruta, así que tirando que era tarde.

Qué le vamos a hacer.

—Hasta luego, Gabi. Te quiero. —Besito—. Te quiero, Maya. Que tengas un día genial —besito.

—¡Mamá! ¡Que me llamo Isla!

—Hasta luego, Isla —besito.

—¡A ella le has dado dos besos!

—Hasta luego, Gabi —besito.

Tengo que confesarlo: adoro estar con ellos, pero hay días que, cuando se van, respiro hondo y disfruto del silencio. Ojalá pudiera estirarlo aunque fuera diez minutos, pero eso me costaría, muy probablemente, no despedirme del bebé en la guarde y/o llegar tarde a trabajar, así que… Respiré hondo rápidamente y a correr.

Me hice el café con la leche que sobró de sus desayunos, puse la lavadora, estiré sus camas, ordené los cojines del sofá —*¿por qué coño nadie más ordena estos putos cojines?*—, rescaté unas braguitas de unicornio para echarlas a lavar y… ¡Joder! Estaba segura de que había dejado cargando mi cepillo de dientes, pero estaba enchufado el de Dero. Así que a mitad de faena el cepillo se me quedó sin batería. Estupendo.

* * * *

Un poco antes de las nueve y cuarto, con el corazón encogido y un bebé lacrimoso en la teta izquierda, estaba escuchando el cariñoso comentario de Carla en la puerta de la escuelita:

—Es que Marisol cree que el problema es la teta, que si no le dieras él se quedaría más tranquilo.

Marisol puede meterse en sus asuntos y dejarme tranquila.

—¿Y tú estás de acuerdo con eso?

—Yo no soy la que manda aquí, Paz —se limitó a responder Carla, encogiéndose de hombros—. Tengo que decirte lo que me dice ella.

Justo en ese momento una madre a la que conozco de vista del barrio posaba a su hijo en la puerta con otra de las cuidadoras y se iba corriendo, dejando a su peque llorando a moco tendido.

—¿Y ese por qué llora?

Carla sonrió y se encogió de hombros otra vez. Aquí a nadie parece importarle que lloren los bebés. Ya no te digo lo que importa que lloren las mamás.

* * * *

—Paz, es que ya no sé cómo decírtelo. No podemos seguir así.

—Lo sé, Vicente, lo sé. Lo siento.

—No sirve lamentarse: lo que sirve es resolver el problema.

¿Eso qué lo has sacado, de un póster motivacional de gatitos? ¿Eres coach ahora o qué, Vicente?

—Ya, Vicente, pero es que es el autobús.

—Pues coge el anterior.

Qué cachondo, Vicente. Qué clarividente que eres. Esta empresa se mantiene en pie por tus grandiosas ideas. ¡Qué coño! Tú solito mantienes España entera en pie.

—Vicente, el anterior me pasa media hora antes, no puedo… De verdad que no me da tiempo. Sería un caos en casa y yo llegaría aquí media hora antes. ¿Qué hago media hora en la calle sin hacer nada?

—Pues ven en coche, Paz, o volando. Arréglalo como quieras, pero si sigues llegando tarde hablaré con recursos humanos y veremos qué medidas tomar.

No le quedó muy fino el jefe moderno. No gritó, pero fino, lo que se dice fino, pues tampoco lo vi. «Hablaré con recursos humanos y veremos qué medidas tomar» es el nuevo «te mando a la puta calle». Así que nada. A partir del lunes tendré que ir a trabajar en coche. Habrá que reorganizarse. Con suerte, no demasiado. Aunque adiós a mi ratito diario de lectura en el autobús.

Mierda.

—¿Cómo vas con los cursos?

—¿Cómo que cómo voy? No voy.

—¿Cómo que no vas?

—No tengo las claves de acceso.

—¿No se las has pedido a Lucía?

—No… ¿No me dijiste que le ibas a decir tú que me las mandara?

—¿Y ves que no te llegan y no se las pides? A ver, Paz, que estamos a 17, se nos echa el mes encima… —y bufó, claramente molesto—. Vale. Ya se lo recuerdo luego.

—Muy bien, Vicente.

Pero a Vicente debió olvidársele «esta cosa tan importante y urgente», porque era la una y media de la tarde y yo no había recibido nada. Así que a mediodía, justo antes de irme, asomé la nariz por el despacho de Lucía para recordarle, por favor, que me enviara las claves para acceder a los dichosos cursos. No vaya a ser que luego tengan que restarme puntos extra.

* * * *

Le conté las novedades a Dero durante la comida.

—Y nada, que me tocará ir en coche.

—Pero si está fatal para aparcar y encima es zona azul. ¿Te van a pagar la ORA?

—Sí, seguro que sí, ja, ja, ja. Intentaré aparcar un poco más arriba, que ya no hay zona azul, e iré andando que son diez minutos.

—Bueno —dijo Dero con el gesto torcido—, si no hay más remedio... ¡Ah! Acuérdate que este domingo es el cumpleaños de Iris.

—Sí, sí, me acuerdo.

—¿Podrás comprar tú el regalo?

—¿Pero no ibas a comprarlo tú?

—¿Y cuándo lo compro, Paz? Llevo toda la semana a turno partido.

—Joder, es verdad... Vale, voy yo, pero que sepas que te acabas de cargar el rato de parque de esta tarde de Isla.

Maya lo miró de lado y apretó mucho el entrecejo, pero mucho. Tanto que yo aún no descarto que esta niña nos salga jedi, porque creo que a veces —como hoy— practica para separar, con un grado satisfactorio de dramatismo, las cabezas de sus cuerpos. Por suerte para Dero es un arte que aún no domina. *Aún.*

Mientras amamantaba al bebé —que hoy tampoco ha querido comerse lo que tenía en el plato porque, según su criterio, el suelo ha de tener más hambre que él—, Dero sacó a Ronin y yo les pedí a los niños que le dieran de comer a Gatalina. A las cuatro de la tarde Dero se fue hacia el trabajo —por fin se acaba la semana de turno partido. *Joder, cuánto la odio*— y yo hice el esfuerzo de salir aprisa de casa para que los niños pudieran disfrutar de un ratito de parque antes de las clases de baile de Maya. No sin primero pararme un momento a rellenar el cuenco de Ronin y, de paso, el de Gatalina, porque Ronin se había comido todo el pienso de la gata al volver de la calle.

A ver, confieso que, antes de ponerme a dar paseos buscando un regalo improvisado, miré en Amazon, porque maldita la gana que tenía yo de patear tiendas con el bebé cargado en la mochila, menos aún en el barrio de las clases de baile, que hay una tienda cada tres calles porque son todo bares y locales de actividades. Y un karaoke. Pero nada de lo que me gustaba llegaría el sábado, así que no arriesgué. Gabi y yo nos ocupamos de buscar algo mientras Maya lo daba todo en la clase que tocaba hoy: baile moderno.

Al final compramos lo que nunca nos falla: un libro. Por varios motivos: con un libro quedas de puta madre porque estás regalando cultura y, además, ¿quién se atreve a quejarse porque le regalen un libro? Nadie. Nadie se atreve a decir en voz alta «es que a mi hijo/a no le gusta leer». Eso no pasa. Así que recorrimos andando las doce calles que separan la escuela de baile con la librería de mi amigo Rafa y compramos uno sobre una niña a la que echaban del colegio por decir muchos tacos, que los tacos siempre son una buena combinación con los niños.

Cuando recogimos a Maya a las seis y media, Lola, la profesora, me comentó que en breve nos mandarían un mensaje con «la nueva equipación para llevar a las clases» porque a partir de la semana que viene empiezan con lo nuevo: flamenco. Que mira que a mí jamás en la vida me ha gustado el flamenco, pero es que si la niña me sale más del revés que yo me nace con las orejas detrás de las rodillas. Pero acepté las noticias, feliz. ¿Por qué? ¿Porque quiero que mi hija esté contenta haciendo lo que más le gusta? No. Bueno, que eso está muy bien, a ver, pero no: acepté feliz porque hoy la niña tuvo baile, y el mayor se pateó conmigo una docena de calles buscando un regalo para Iris, y el pequeño no se echó la siesta. Y el fresquito de mi toto, que sacudía unos pelitos que ya no estaban ahí, me decía a gritos que los niños se dormirían temprano.

* * * *

El primero en caer fue el bebé, y, mientras Gabi y Maya jugaban su ratito de rigor antes de irse para la cama y Didier fregaba los platos de la cena, yo vi el momento claro:

—Dero, me voy a dar una ducha rápida, ¿vale?

Me metí en la ducha con el agua calentita —a ratos quemaba un poco, porque Dero seguía con los platos, pero nada que mi ímpetu amoroso no pudiera superar— y comprobé satisfecha que ya no tenía ningún recóndito pegote de cera por ahí escondido —aunque la falta de tironcitos a lo largo del día ya lo habían anunciado—. Didier se asomó por la puerta del baño:

—Los peques ya están en la cama. Voy a sacar a Ronin.

Salí rápido de la ducha y recuperé de su escondite —*a.k.a.*: el armario de las toallas— el bote de crema del Mercadona: mango y fruta de la pasión.

¡Oh, sí! ¡¡Esto funciona, esto funciona!!

Me embadurné de crema de arriba abajo, salvando algunas partes delicadas porque, a ver, eso al olfato es agradable, pero al gusto lo mismo sabe ácido o ve tú a saber, así que había que ir con cuidado.

Cubierta con el suave albornoz que me había autorregalado por Navidad, fui a darles un beso de buenas noches a los niños. Maya ya dormía. Cuando empecé a leerle *Harry Potter* a Gabi, oí a Dero volver con Ronin. Gabi se durmió antes de haber terminado la segunda página.

¡Bien, bien, bien!

Me ceñí el cinturón del albornoz para marcar cintura, me aseguré de tener las tetas en posición sexi —es decir: con los pezones apuntando el frente— y dejé caer «descuidadamente» un hombro del albornoz, por aquello de darle a todo una apariencia casual y NADA premeditada. Me revolví el pelo, y me fui derechita al salón dispuesta a darlo todo en ese sofá maravilloso. Que está destrozado, con manchas y lleno de muelles de saltar tres criaturas —dos de ellas, por cierto, concebidas en él—, pero maravilloso igualmente.

Dero estaba allí sentado, mirando la tele como quien mira el vacío abisal de una existencia fútil e incierta. Me senté a su lado y le eché una pierna por encima, mientras con un dedo jugaba con un rizo de mi pelo. Me miró, arrugó ligeramente las cejas e hizo una mueca.

—¿A qué hueles?

Hice acopio de toda la teatralidad aprendida en mi infancia en las telenovelas que veía mi prima y me incorporé de un salto, agarrándole por el cuello.

—¡A PASIÓN, *AMORE*! —le dije, juraría que con un poco de acento venezolano.

—¿A qué?

—Que huelo a fruta de la pasión.

Dero olfateó un rato, arrugando la nariz, con gesto desagradable. Yo estaba flipando mucho porque, a ver, no esperaba que me agarrara de repente y me empotrara contra la pared —o bueno, a lo mejor un poco sí—. Pero, vamos, que lo que no me esperaba era que pusiera esa cara que estaba poniendo.

—¿Es la crema del Mercadona?

Hostia, qué pasa: ¿ahora eres experto en potingues?

—S… Sí.

—Ya decía yo —me dijo—. Es la que usa mi madre.

¡¡PERO QUÉ ME ESTÁS CONTANDO, MANOLO!!

—¿Que qué?

—Es la que usa mi madre. Se pone como una loca cuando reponen en el súper porque dice que se agota rapidísimo. Cada vez que pilla un bote anda todo el día pringándose. Luego voy a verla y me tiene toda la tarde oliéndole las manos.

—Ah. —Lo vi venir—. ¿Y te gusta?

—Hombre, cari… A ver, me gusta… Pero es que es olor de señora. Huele como mi madre.

Puta vida, tete. No puedo follar sabiendo que huelo como mi suegra. No es que no pueda follar si huelo como mi suegra, es que no puedo follar CON DIDIER si huelo COMO SU MADRE.

—A ver, amor —me dijo el pobre, tocándome la pierna, quizá adivinando en mi cara que el hombro caído de mi albornoz no era casual—, que podemos…

¡¿PERO QUÉ DICES, DESVIAO?!

—No, no, cari… —suspiré, quitando su mano de mi pierna. Aquello no tenía NADA que ver con lo que yo había imaginado—. Mejor, déjalo. Ya mañana, si eso.

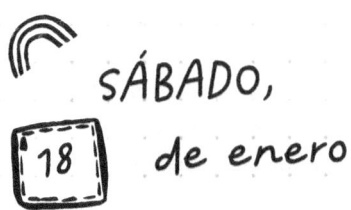

SÁBADO, 18 de enero

Hay una lista de pesadillas horribles, como la de que vas en un ascensor que se cae o la de que sales a la calle en bragas —que, con la cabeza como la tengo, eso me pasará el día menos pensado—, y luego está mi pesadilla de hoy en la que soy mi propia suegra que pasará a los anales del terror.

Dejé a los niños viendo *El asombroso mundo de Gumball* mientras desayunaban —bueno, Gabi desayunaba; Maya miraba triste sus galletas porque decía que le dolía la tripita, pero a Maya siempre le duele algo— y me fui al baño. Necesitaba ducharme y quitarme de encima esa peste a «suegra de la pasión».

Brrrrr... Por favor, QUÉ PUTA GRIMA.

* * * *

Después del desastre de ayer, yo hoy lo único que quería era enterrar la cabeza en una manta, como una suerte de avestruz aburguesada y, de hecho, en casa nadie tenía pinta de querer ir a ningún sitio. Pero hay una parte de mí —una parte que me cae bastante mal, la verdad— que se siente muy culpable si tengo a los niños metidos en casa todo el día, así que por la tarde me planté y los arrastré a todos al parque.

Todo el camino de ida Gabi protestando porque él quería quedarse en casa jugando a la Play, Teo gimoteando a saber por qué, Maya quejándose de que le aún le dolía la tripa y Dero murmurando que no entendía por qué teníamos que ir al parque solo porque yo lo dijera, porque al parecer mi marido es el niño más malcriado de esta familia.

Cuando, a los veinte minutos de llegar al parque, empezó a llover, me rendí a la evidencia de que estaba siendo una tarde de mierda, y decidí que era hora de volver a casa. Empecé a recolectar niños por los columpios y cuando me acerqué a Maya vi que no tenía buena cara.

—Maya, cariño, ¿te encuentras bien?

Maya me puso carita triste y no me discutió el nombre lo que, sumado a que no se había ido corriendo a buscar un charco en que bañarse, no podía ser buena señal. Negó con la cabeza, dejando que sus rizos le taparan los ojos para dejar claro que estaba **MUY malita.** Le toqué la frente y miré a Dero.

—Creo que tiene fiebre.

Me sentí fatal. Mi niña llevaba todo el día dándome señales de que algo no iba bien y yo estaba tan ocupada con mi cabreo que no supe verlo.

Soy la peor madre del mundo, joder. ¿Por qué me han dejado reproducirme?

—Pero si casi no se ha mojado —me dijo Dero.

Claro, porque es el agua lo que da fiebre, doctor House.

—Ya se quejaba por la mañana.

—¿Y entonces por qué te empeñaste en venir aquí? —me preguntó el tío gilipollas—. Te dije que nos teníamos que haber quedado en casa.

Ushaaaa, ushaaaa... No mates, Paz. Respira.

Para cuando llegamos a casa Maya no quería saber nada del universo más allá del sofá, la manta y mi regazo. Teo no quería saber nada del universo más allá del sofá, la manta y el otro lado de mi regazo. Gabi no quería saber nada del universo más allá de la consola. Y yo, por alguna razón, solo quería mandar a la mierda a Didier, que tenía la nariz metida en el móvil y se reía absurdamente de unos memes, como si no le importara todo lo que yo había hecho durante la semana para que pudiéramos echar un superpolvazo.

Claro que él no lo sabía, pero eso era lo de menos.

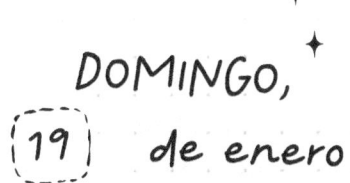

DOMINGO, 19 de enero

Me levanté derrotada, con la espalda hecha un ocho después de pasar la noche retorcida y encorvada entre Maya y Teo. Y todavía un poco enfadada con Dero, aunque no sabría definir bien por qué. Supongo que me sentía muy frustrada por los dos últimos días y me enfadaba que él no se diera cuenta de que yo me sentía así o, lo que es casi peor, que se diera cuenta de que estaba frustrada y pudiera darle igual.

Ni avena, ni fruta ni nada: cereales guarros para todo el mundo y dejadme recrearme en mi odio a la humanidad mientras me tomo el café mirando la tele enfadada. Sí: le echaré la culpa de todo a la tele y sus refritos infumables de los domingos por la mañana. Dios, cómo los odio.

Me fui al baño y los dejé a todos, padre y niños, en el salón. Solo estuve fuera lo que tardé en ir a hacer mis cosas. Ni un poquito más. Es decir: no decidí salir de casa e irme a dar un paseo por los nueve círculos del *Infierno* de Dante ni nada. Lo juro. Solo ir al baño a hacer un pis y volver. Un minuto y medio a lo sumo. Y cuando volví me quedé tiesa en la puerta.

—¿Qué tiene Teo en la mano?

Dero apartó la vista del móvil y miró al bebé que tenía **DELANTE DE LA CARA.** Se incorporó rápido y se lo quitó de un tirón, haciendo que el pobrecito estallara a llorar porque un señor malvado le había quitado su juguete. Dero —ese Gargamel sin corazón— intentó recomponer el objeto que le había arrebatado al pobre bebé. Yo, por mi parte, tenía la puerta agarrada con tanta tensión que creí que en cualquier momento haría saltar las bisagras.

—¡¿Son mis gafas?! —pregunté, aunque solo de forma retórica, porque a veces puedo no parecer muy lista pero mis enormes gafas de pasta las reconozco.

Me acerqué y cogí mis amadas gafas de las manos de Dero. Una patilla estaba completamente torcida. La otra, también. Y al intentar enderezarla, se partió. Me quedé inmóvil, mirando mis gafitas fallecidas, intentando aguantarme las ganas de empezar a pegar gritos como una loca.

—¡JODER, DERO! —fracasé estrepitosamente en lo de no ponerme a gritar.

—¡¿Qué?!

—¿Cómo que qué? ¡QUE ME HA ROTO LAS GAFAS, JODER! ¡QUE LO TENÍAS DELANTE!

—Bueno, pero no lo vi.

—¡NO TE JODE! ¡Solo faltaba que lo estuvieras viendo y lo dejaras romperlas! ¡Es evidente que no lo viste! ¡¡¿POR QUÉ NO LO ESTABAS VIGILANDO?!! ¡JODER, QUE NECESITO LAS GAFAS PARA TRABAJAR!

No estoy muy segura de lo que pasó después. Sé que yo grité y que Dero me venía con excusas de mierda como si fuera un inútil incapaz de vigilar a nuestro hijo pequeño en el rato que dura un pis.

Me pasé el resto de la mañana sin dirigirle la palabra, enfadadísima, digiriendo lentamente el incidente mientras la Paz malvada que vive en mí maquinaba una venganza a la altura; una maldad digna de suplir el daño. Por fin, le serví mi venganza después de comer. Ahí, con el postre, que jode más:

—Lleva tú a Gabi al cumpleaños de Iris. —Dero me miró con esa cara de horror que uno reservaría para el momento de encontrarse con un fantasma en el pasillo—. Yo me quedo en casa con Teo y Maya, que todavía se encuentra mal.

Esto, en lenguaje de pareja, significaba: Ahora te toca socializar con el resto de padres y madres en un cumpleaños infantil. Te jodes.

Podría haber soltado alguna culebra, pero, en lugar de ello, Dero sonrió:

—Esta me la devuelves.

—¿Ah, sí?

—Sí.

Y le sonreí con picardía.

—¿Y cómo exactamente quieres que te la devuelva?

* * * *

Reconozco que me vino bien la tarde tranquila. Necesitaba parar.

Maya ya casi no tenía fiebre, pero aun así estuvo tranquila en el sofá, viendo dibujos la mayor parte de la tarde y dejando tiempo para una buena siesta, mientras Teo se dedicaba a ir sembrando coches por toda la casa. Cuando se despertó tenía un poco de mimito y me preguntó si podía volver a dormir conmigo esta noche.

—Mamá, es que no quiero entrar en mi habitación.

—¿Y eso por qué?

—Es que tengo miedo.

—¿De qué tienes miedo?

Me pregunté si se acercaba otra de esas conversaciones trascendentales y profundas sobre el sentido de la vida y los monstruos de la noche.

—Hay arañas.

Ah, pues no.

—¿Has visto arañas en tu habitación?

—No.

—¿Y cómo sabes que hay arañas?

—Porque hay telarañas en la lámpara.

Nota mental: limpiar la lámpara de la niña.

—¡Aah! Pero esas telarañas no son de arañas.

—¿Cómo que no? ¡Si son telarañas!

—Sí, pero no son de verdad. Las compramos en Ikea.

Maya arrugó la nariz y torció la cara.

—Eso no es verdad.

—Claro que sí. Son para decorar. Y para espantar a los mosquitos.

Maya torció la cara otro poco, sonrió de lado y, desafiando las leyes de la probabilidad, arrugó aún más la nariz. Si la arrugaba otro poco más podría olerse las cejas.

—No es cierto…

—Sí que lo es. Me costaron dos euros.

—Bueno —dijo mi pobre hija, dándome por perdida—. ¿Y puedo dormir contigo, sí o no?

—Claro que sí, cariño. —Y le besé en la frente—. ¿Ponemos una peli?

Preparamos la merienda y luego nos acurrucamos tranquilamente para ver *Enredados*.

Bueno, ella vio la peli: yo solo vi un montón de borrones de colores cantarines porque *ya no tengo gafas.*

LUNES,
20 de enero

Lo único mejor que madrugar un lunes es madrugar un lunes después de haber dormido una hora menos de lo que tendrías que haber dormido. Es genial. Genial, genial. Como si estuvieras a punto de pisar una caca por la calle y reaccionaras quitándote el zapato. Así he empezado yo la semana: *pisando descalza una caca.*

¿Y por qué he dormido una hora de menos? Pues porque yo creía que tenía mis «gafas de repuesto» en el cajón del mueble del salón, y resulta que no, que no estaban ahí. Así que anoche perdí más de una hora de necesario sueño y de preciosa vida revolviendo a fondo toda la casa y comprobando cada cajón, armario, arcón, caja, cofre, nevera y recóndito escondite en general, hasta que encontré mis otras gafas: unas que me regaló mi madre cuando yo tenía dieciséis años y perdí las anteriores, y que en realidad guardo más como recuerdo que como objeto práctico. En su momento me habían sacado de un buen apuro —igual que harán ahora—, pero la verdad es que metálicas, ovaladas y gruesas son feas como una rata calva. Ya me quedaban mal cuando el mayor problema de mi cara adolescente eran cuatro granitos en la frente, no te digo nada ahora, que tiene arrugas, incipiente papada, cejas mal depiladas y la sombra de un bigote. Y cuatro granitos en la frente. Y dos verrugas en el cuello. Que una puede pensar que qué tendrán que ver las verrugas con las gafas, pero es que al final pues todo aporta al conjunto.

Le pregunté a Didier, solo para estar segura de que no se me había vuelto a pasar algo por alto, si toda esta semana tendría el turno de tarde y me confirmó que sí: que esta semana no había intercambiado turnos con nadie sin consultar primero con su familia si nos parecía bien a los demás que, oye, no habría dejado de ser un detalle.

Entre los dos levantamos a los mayores, y los dejé en la cocina mientras fui a prepararme con calma. Me fui al baño y examiné un largo rato mi imagen en el espejo con las gafas puestas. Era como ver un bebé recién nacido con la boca llena de dientes: no es que fuera aterrador, pero tiene un toque espeluznante que hace que prefieras mirar en cualquier otra dirección.

Sí. Igualito que una rata calva.

Guardé las gafas en su funda y la funda en el fondo del bolso, mientras una oscura parte de mí deseaba que el fondo de mi bolso conectara con alguna caldera del infierno. Con una pequeñita. Con la de tostar el pan por las mañanas, aunque fuera. Luego recordé el esfuerzo que le costó a mi madre comprarme aquellas gafas y con qué ilusión lo había hecho, y me sentí muy culpable.

Estupendo. Ahora me siento fea y culpable. Empezamos el lunes de puta madre.

Eché un vistazo a la cocina antes de bajar a Ronin.

—¿Pero qué les has dado?

Didier me miró como no comprendiendo. Podría haberle preguntado a Ronin y me habría mirado igual.

—Cola Cao —me dijo, como si fuera lo más normal del mundo—. Con galletas.

¡Y con galletas, además! ¡¿Pero qué irresponsable desfachatez es esta?!

—Ah, muy bien. O sea que lo de los desayunos sanos nos lo pasamos ya por el forro, ¿no?

—Joder, Paz. Pero si ayer tú…

¡Ah! ¿Ahora es culpa mía?

—No, no, vale, estupendo —dije, sin saber muy bien si estaba irritada por el desayuno o por las gafas—. Saco a Ronin. Vigila al bebé.

* * * *

Cuando Dero se fue de casa con los niños nos despedimos con un casto besito, de esos que das por rutina y que juraste que tú nunca darías, pero que das, porque si no es como que te falta algo. Quitar el besito de rutina es la declaración de guerra intraparejil definitiva. Una de esas cosas que pueden llevar a una secesión. Es un poco como el pedal del hombre muerto de los trenes: si se aprieta, es que todo sigue ok. Si no, es que la cosa está a punto de descarrilar, probablemente a cámara lenta y con toneladas de chispas efectistas. Eso es exactamente: es el besito del hombre muerto.

Respiré hondo.

Adoro los putos lunes.

Llevé corriendo a Teo a la escuelita, le di un poco de teta, se quedó llorando con Carla y justo de la que me iba apareció Marisol.

—¡Buenos días, Paz! —*¿Por qué me sonríes, pedazo de cínica, si sé que no me quieres decir nada bueno?*—. ¿Podemos hablar un momento?

Le contesté girándome para irme.

—¡En otro rato, Marisol, que me tengo que ir ya!

Sé que está feo, pero la dejé ahí con media palabra en la boca. De verdad que no podía pararme: hoy era el primer día que iba a trabajar en coche y aún no controlo los tiempos. Solo me faltaba llegar tarde también hoy. Intenté suavizar la situación despidiéndome con la mano tan amablemente como puede una despedirse de alguien a quien está intentando evitar.

De camino a la oficina se me ocurrió que, ya que Dero trabajaría hoy de dos a diez, y los niños tenían patinaje por la tarde, yo podía aprovechar y ver en ese ratito a Vane, que buena falta me hacía despejar un poco la cabeza. Así que la llamé desde el coche.

—¿Qué pasa, gorda? —me preguntó desde el otro lado del teléfono una delicada voz de tetera hirviendo.

—¿Qué pasa, golfa? —le respondí yo—. Te invito a tomar algo esta tarde.

—Oye, ya sé que como no tengo mil hijos tú te crees que no tengo nada que hacer en la vida, pero es que yo también puedo tener planes, ¿vale?

—Ya. ¿Tienes planes hoy?

—Pues sí, sí, tengo planes. —*Te veo venir, Vane*—. He *quedao* con el príncipe William, que ha *dejao* a la Megan por mí.

—¿Megan no es la de Harry?

—¡Ay, yo qué sé! —Rio—. Bueno, venga, ¿dónde quedamos?

—¿Pero no tenías planes?

—*¿Piri ni tiníís plinis?*

—A ver, Gabi y Maya tienen patinaje de cuatro y media a seis. ¿Nos tomamos un vinito en Cacos?

—Vaaaaaaaaaaaaaaale.

—¡Guay!

—¿Guay? ¿Qué tienes, cinco años?

—*Ciao*, cariñín.

De pronto tuve un pensamiento fugaz. Llamé a Dero.

—*Amore,* ¿te has acordado de avisar en el cole de que esta semana los niños se quedan a comedor?

—Hostia, no…

—Vale. —*Respira, Paz, respira*—. No pasa nada. ¿Puedes llamar para avisar, porfa?

—Claro. ¿Me das el teléfono?

¿En serio, Didier? ¿EN SERIO?

—Cariño, estoy conduciendo.

—Mándamelo cuando aparques.

Me cago en... RESPIRA, PAAAAAAAAAZZZZZZ, RESPIRAAAAAAAAA.

—¿Estás muy ocupado? ¿No lo puedes buscar en Google?

—Bueno, anda, vale —me dijo con aire resignado —, ya lo busco yo.

Perdona, ¿eh? ¿A qué viene ese tono? ¡Que no me estás haciendo ningún favor, que también son tus hijos, coño!

—Ok, *amore*. Ciao. ¡Ah! Por si acaso: te recuerdo que mañana Teo tiene cita en el pediatra y que tienes que llevarlo tú.

—Joder, no me acordaba. —*¿Y por qué no me sorprende?*—. ¿A qué hora?

¿Me ves cara de ser la agenda de toda la familia, Didier?

—A las once y cuarto. —*Joder, pues va a ser que sí lo soy*—. Venga, te dejo.

Como la cosa siga así, antes de que acabe el lunes necesitaré una bombona de oxígeno. Y a lo mejor un marido nuevo. O unos diazepanes. O una combinación de todo ello.

Aparqué a diez minutos andando del trabajo y todavía conseguí llegar cinco minutos antes de la hora. Vicente me miró sonriente.

—¿Has venido en coche?

—Sí.

Habría sido un buen momento para que mi moderno jefe me agradeciera el esfuerzo extra. No, no habría sido un buen momento: habría sido un momento de puta madre.

—¿Lo ves, Paz, como solo es cuestión de que te organices mejor?

Sonreí, asentí, me giré para irme hacia mi mesa y, cuando estaba segura de que Vicente ya no podía oírme, resoplé muy fuerte. Y, después, resoplé otra vez.

* * * *

A las cuatro, con una mochila con Teo en mi espalda y dos mochilas cargadas con los patines y cascos de Gabi y Maya castigándome las manos, me planté en el cole para recoger a mis dos hijos mayores del comedor y llevarlos a patinaje.

—¿Por qué no nos dijisteis que hoy nos quedábamos a comedor? —me espetó Gabi, que cuando quiere es tan incisivo como su madre o, peor, como MI madre.

—Pues porque no nos acordamos, Gabi, lo siento. —A veces me olvido de que lo que es obvio para mí para ellos puede no serlo tanto. Tendríamos que habérselo dicho—. Esta semana papá está de tarde, os quedáis toda la semana. ¿Te hace sentir mal que no os lo dijéramos?

Se lo pensó un momento.

—No —dijo con tranquilidad, levantando los hombros—. Es que me ha parecido raro.

—A mí sí me hace sentir mal —dijo Maya haciendo pucheros.

—Vaya… —Me agaché para ponerme a la altura los ojitos oscuros de mi hija mediana—. Lo siento mucho, Maya.

—No quiero llamarme Maya.

Sonreí mientras le retiraba un mechón de pelo de la cara.

—Es verdad, perdona: Isla.

—Tampoco quiero llamarme Isla.

—Vale. —*Madre mía, esta niña lo va a pasar fatal cuando vaya a hacerse el DNI*—. ¿Y cómo te quieres llamar?

—Quiero llamarme Brisa.

—¡Wow! —*Esta hija mía está fatal de lo suyo. Ojalá no cambie nunca*—. Es un nombre precioso, Brisa. ¿Nos vamos a patinar?

* * * *

—Pero vamos a ver, puta gorda —le espeté a Vane en cuanto entró por la puerta del Cacos—, ¿tengo una hora y media para tomar algo y llegas tarde?

—¿Y qué quieres? —me dijo la tía, tan campante—. ¡Fue el bus!

—Si yo fuera una mala persona, Vanessa, te diría que tendrías que haber venido en coche.

—¿Si fueras una mala persona?

—Sí. O un jefe moderno. Pero soy una buena persona, así que no te lo voy a decir.

—Bueno, tía, te tengo que contar —me dijo nerviosa mientras se quitaba la chaqueta—. Muy fuerte todo.

Una nunca sabe qué esperarse de la Vane cuando algo es «muy fuerte», porque para ella algo «muy fuerte» abarca un espectro en la escala de lo increíble que puede ir desde «me han reclutado para la primera expedición a Marte» hasta «me he comprado unos calcetines de *Friends*». Eso es un plus positivo en las quedadas con Vane porque, como no sabes qué esperar, pues puedes esperarte cualquier cosa. Además, para redondear el momento, Teo se había quedado dormido en la mochila, así que la girada de mi mejor amiga tendría toda mi atención.

—¿Te acuerdas que te conté que había conocido a un tío en Tinder?

Vale, hoy toca Tinder OTRA VEZ. Vane, hija, ¿por qué no lees un poco, o vas al cine o alguna cosa?

—Vagamente. ¿Cuál de ellos?

—¡Tía, pues el que te dije que me gustaba mucho!

—Vane, eso no responde a mi pregunta.

—Rubén. El que tenía la foto de perfil en blanco y negro con un gato sobre su torso desnudo.

—¡Ah, sí! Muy guapo. ¿Y?

—Tía, pues que quedamos.

—¿Sí? ¿Y qué tal?

—Muy bien, tía. Quedamos la primera vez y genial. Fuimos a tomar algo y a un concierto, pero no pasó nada.

Ay, Vane, que ya te están mareando...

—¿Y habéis vuelto a quedar?

—¡Síííííííí!

i¿sí?!

—¿Sí?

—¡Sí!

—Tía, qué fuerte, ja, ja, ja, ja. Bueno —la apremié—, y cuéntame: ¿cómo es? ¿Qué tal?

—Muy bien, Paz. Es un tío genial, superamable, sonriente… Es fotógrafo, ¿sabes? Y es tan mono, tía… ¡Es trans y me dijo que no se había atrevido a decírmelo la primera vez que quedamos! Que tenía miedo de que me asustara o algo. Es tan cuqui… ¡Y superinteligente! ¿Sabes que el tío habla TRES idiomas?

—Hablar muchos idiomas no es lo mismo que ser muy inteligente, Vane. La prueba es que tú hablas cuatro.

—¿Oye, y tú qué tal con Dero? ¿Le has dicho ya que eres gilipollas o estás esperando a ver si se da cuenta él solo?

Vane es de las pocas personas en el planeta capaz de hacerme reír insultándome. Me gusta pensar que es recíproco. Ambas sonreímos y les pegamos un buen quite a nuestras copas de moscato.

—Bueno, y... —Levanté las cejas como alternativa a decir en voz alta: «¿Ya habéis *follao*?».

—Buah, Paz, increíble.

—No me digas.

—No te lo creerías. Jamás en mi vida he tenido un sexo tan bestial. Floto. No puedo pensar en otra cosa.

Y ahora, gracias a la detallada descripción que siguió a ese comentario, yo tampoco. *Gracias por tanto, Vane.* Me acabé mi copa bebiendo despacio, pero sin soltarla, apoyándola de vez en cuando contra mi cara para sentir el frío en la mejilla, como un recordatorio de que aquella conversación estaba teniendo lugar en la realidad y no en una distopía de Almodóvar.

—No me puedo creer —dije con la mirada perdida cuando Vane terminó su relato de *50 arcoíris de Grey*— que tu vida sexual sea mucho mejor que la mía.

—Pero vamos a ver, idiota —me preguntó falsamente ofendida—, ¿y se puede saber por qué no?

—¿Qué hago mal, Vane? —Estiré la mano para robarle su copa y me la terminé de un trago, aunque, en honor a la verdad, era más un golpe de efecto que otra cosa, porque en realidad desde hacía ya un rato en su copa solo quedaba la condensación apegotonada en el fondo.

—¿Qué pasa, Paz?

—Es como si nos hubiéramos perdido el ritmo.

—¿Que no os corréis a la vez?

—¡¿A la vez?! Ja, ja, ja, ja. ¡Joder, Vane, hay veces que ni el mismo día! Pero no. No es eso, es que... No sé. Es como si... Como si no tuviéramos tiempo para encontrarnos.

—¿Pero cómo no vais a tener tiempo, tía? ¡Si vivís juntos!

—Sí, Vane, ya sé que vivo con mi marido, gracias por tan audaz observación. —Meneé la cabeza—. Pero es que a veces... —me costaba encontrar la forma de describirlo—, a veces parece que somos solo compañeros de piso, ¿sabes? Compañeros de piso que follan de vez en cuando. —Hice un cálculo rápido—. MUY de vez en cuando. ¡Hace como dos semanas de la última vez, Vane!

—¡¿Dos semanas?!

—Dos semanas. Ya no tenemos tiempo para encontrarnos y disfrutarnos un buen rato, ¿sabes? —resoplé—. Mira, la semana pasada me depilé entera y compré una crema superguay y planeé una noche que iba a ser genial y… Nah, al final se fue todo a la mierda. —Vi mi copa vacía y lamenté no tener un sorbito más de vino.

—Mujer, seguro que encontráis ese tiempo si te organizas bien. —Miré a Vane con mi cara de «si no fueras mi amiga te insultaría muy fuerte ahora mismo». De hecho, probablemente fue el hecho de que guardara silencio lo que hizo que se diera cuenta de que acababa de ofenderme muchísimo—. ¿Qué? ¿Qué he dicho?

Teo gruñó un poquito. Yo miré el reloj.

—¿Sabes por qué tu vida sexual es tan buena, Vane?

—¿Por qué?

—Porque no tienes hijos —y añadí, maliciosamente—, TODAVÍA —y una risa de Úrsula de *La Sirenita* anegó silenciosamente todo mi ser—. Bueno, se acabó la hora del vino. Tengo que ir a buscar a Gabi y a Brisa.

—Vale —dijo Vane levantándose y alcanzándome la chaqueta—. ¿Quién es Brisa?

* * * *

Después de la cena, mientras la prole al completo jugaba con el escándalo propio de las once de la noche, Didier estaba sacando la ropa mojada de la lavadora y yo fregaba los platos dándole vueltas en mi ignorante cabeza a todas las (im)posibilidades sexuales que Vane me había contado por la tarde.

—Dero —dije, distraída—, ¿tú crees que todavía sabemos follar?

Dero dejó de sacar ropa de la lavadora y me miró con una expresión que sé leer perfectamente porque es la misma que me ponía mi padre cuando le decía que por mi cumpleaños quería un caballo: *«¿Pero qué tonterías estás diciendo, Paz?».*

—¿Se puede saber qué te ha contado Vane? —dijo al fin con una leve sonrisa.

Me lo pensé un momento.

—Nada —respondí, negando con la cabeza.

—Ya… —Y siguió sacando ropa—. No, Paz. No sabemos. Nuestros hijos han aparecido ahí por esporas. Como los ficus.

—Dero —dije, muy seria.

—Qué.

—No estoy segura de que los ficus se reproduzcan por esporas.

MARTES, 21 de enero

¡Que no decaiga! Tenemos mucha semana por delante y ya se me ha pasado el disgusto de las gafas. Si Vane puede follar mucho y muy bien, yo también puedo. Bueno, o mucho, o muy bien; las dos cosas a la vez lo veo ya complicado. ¡Pero vamos a por ello! ¡A dios pongo por testigo que voy a tener mi puñetera sesión de sexo de calidad!

Aún me dura la depilación. Cierto es que ya no está suavecito como el primer día. Yo estaba casi segura de que esto duraba más. Pero, bueno, todavía está depilado y… ¿cuál es la palabra que estoy buscando? ¿Apetecible? ¿Comestible? No importa: sigue libre de pelos, que es lo que cuenta. Voy a ir a por todas y, como muestra de buena fe, cuando sonó el despertador me giré en la cama hacia Dero, le besé en el cuello y le susurré amorosamente:

—Acuérdate de que Teo tiene pediatra a las once y cuarto.

A lo que Didier respondió con un elocuente:

—Ffffffffff…

Que quiero pensar que significa «Qué bien, qué ganas tengo de pasarme media mañana haciendo cola en el centro de salud».

—Duerme un ratito más si quieres —continué—, ya llevo yo a los peques al colegio.

Le di otro beso y, aunque el cuerpo me pedía salir de la cama de un enérgico salto, me levanté sigilosamente para no despertar al bebé. Y empezamos así el día: conteniendo la energía para que no estallara todo. Como un globo de agua atravesando un campo de cactus.

Me fui dando saltitos a la cocina, preparé dos desayunos para los peques de avena y fruta —oh, sí, soy malvada: volvemos a la operación Azúcar Cero— y los desperté llenándolos de besos, como la madre paciente y amorosa que quiero ser, y no como la madre gritona y prisas que suelo ser.

Dero se levantó justo antes de que nos fuéramos.

—Intenta llegar al pediatra con la mayor puntualidad que puedas —le dije.

—¿A qué hora era?

Ay, este Didier mío... Qué desastre.

—A las once y cuarto, *amore.*

—Vale. Y luego lo llevo a la escuelita, ¿no? ¿Saben que hoy va más tarde?

—Sí, sí —dije, mientras comprobaba que llevaba todo encima: dinero, llaves…—. Se lo comenté ayer a Carla. No hay problema. ¡Ah! —añadí, girándome hacia mi flamante marido y reparando, por primera vez, en que llevaba puestos los calzoncillos rotos que se niega a tirar (y que dejan a la vista un testículo) y una camiseta de publicidad de El Gigante Verde de su época adolescente que se niega a reconocer que le está pequeña. Pura elegancia, el tío. Suspiré—. Te he dejado la ropa de Teo preparada en el sofá.

Dero echó un ojo al sofá. El Didier de mi cabeza me dio las gracias por el detalle. El Didier de la vida real me preguntó:

—¿Dónde están los zapatos?

Alguna Paz, en algún universo, lo agarró por el cuello de esa horrenda camiseta y le gritó muy fuerte en la cara: «LLEVAMOS DIEZ AÑOS GUARDANDO LOS ZAPATOS DE BEBÉ EN EL MISMO CAJÓN, DIDIER, QUÉ COÑO ME ESTÁS CONTANDO», escupiendo mucho al pronunciar las pes y las eses. Pero no esta Paz. La Paz de este universo hoy se había levantado de muy buen humor y con un propósito que implica NE-CE-SA-RIA-MEN-TE que no estemos enfadados, así que empecé a mover las manos, dibujando espirales en el aire con ademanes de magia y misterio y le dije con mi mejor voz de presentador-de-*Los-juegos-del-hambre*:

—¡Bienvenido, jugador! He dejado escondidas por toda la casa una serie de pistas. ¡Encuéntralas y resuelve los enigmas que te llevarán al lugar donde se ocultan los zapatos del bebé! He aquí tu primera pista: bajo ningún concepto mires en… ¡El cajón de los zapatos del bebé!

Y va y me mira ofendido, el muy gilipollas. De verdad, así no hay quien pueda.

—¿Y qué es aquello? —me preguntó, señalando un bultito rosa que asomaba tras uno de los cojines del sofá.

Si prestaras más atención a la rutina DIARIA de esta casa, Didier, sabrías que esas son…

—Las bragas de tu hija. —Me miró con cara de susto, y yo miré su testículo al viento y suspiré otra vez—. Te veo esta noche, amor.

Le pellizqué la mejilla, le di un besito del hombre muerto y me fui.

* * *

A las dos y cuarto del mediodía aparqué en doble fila delante de la escuelita para recoger a Teo. De la que salía corriendo de allí, con él en brazos, Marisol me asaltó en la puerta del patio:

—Buenas tardes, Paz. ¿Podemos hablar un momento?

—Ay, hola, Marisol —dije sin esconder mi desagrado por la emboscada—. Mira, ahora mismo no puedo: tengo el coche en doble fila.

—Van a ser solo cinco minutos.

—Marisol, no puedo. Tengo que ir a comer y a por los mayores al colegio… Mañana, ¿vale? Mañana hablamos.

Por un momento pensé que iba a tener que hacerle un placaje y pasar por encima de ella. Pero después de dos segundos de incómodo silencio —puede que fueran más, puede que fueran menos—, se apartó de la puerta y me dejó pasar.

—Muy bien, Paz —dijo, evidentemente resignada—. Mañana a las dos hablamos.

Corrí hasta el coche y no me sentí a salvo hasta que hube abrochado a Teo y me senté al volante. Esa mujer despierta en mí algo oscuro. Algo como lo que debe sentir un gato si se encuentra con un puma, y no sabe si ese bicho es amigo o enemigo. Aunque ojalá Marisol fuera un puma; eso lo haría todo más fácil.

* * * *

Aproveché la tarde, mientras Maya estaba en pintura, para ir al súper a hacer la compra con Gabi y Teo. Mientras empujaba el carrito por los interminables pasillos multicolores con la mirada distraída posándose de forma casi inercial en las estanterías habituales, y algún hemisferio de mi cerebro —vete tú a saber cuál— forzando la memoria para acordarse de qué cosas se nos habían terminado en casa, saqué el móvil y empecé a wasapear a Dero, al tiempo que Gabi me iba haciendo urgentes e importantísimas preguntas existenciales.

Amore, qué tal hoy el pediatra?
Llegaste a tiempo?

—Mamá, ¿tú qué preferirías? ¿Tener hipo una hora al día durante toda tu vida u oler para siempre a huevo podrido?

Sí, llegué a la hora

Y qué tal?

—Mamá.

—Uf, no sé, Gabi. —*3 x 2 en tomate frito*—. Creo que el hipo. ¿Y tú?

Luego te cuento

¿Cómo que luego me cuentas? ¿Por qué? ¿Ha pasado algo?

—Yo también porque, vaya, si tienes hipo una hora es solo una hora, pero si hueles mal siempre eso es todo el rato y es peor.

Luego por qué?
Ha pasado algo?

—¿Y qué preferirías: ser comida para un zombi o comerte un zombi?

i¿Que qué?!

Que te cuento luego

Joder, ¿pero ha pasado algo?

—Mamá.

—¿Si me como al zombi, me convierto en zombi?

Pero porque me tienes que contar algo?

—No.

O es que ahora no puedes hablar?

¿Nos quedaban huevos?

—Comerme un zombi, sin duda.

—Ya, yo también. Porque si te come el zombi pues o te mueres o te conviertes también en un zombi, que eso es peor que comértelo tú.

—Desde luego. ¿Podría echarle kétchup?

—Sí.

Dos docenas por si acaso.

—Pues entonces sí, definitivamente me como al zombi.

—¿Y qué preferirías, lamer un fogón de la vitro que esté al rojo o que te maten de un disparo en la cabeza?

Creo que tengo que llevar al niño al psicólogo.

Las dos

—¿Mamá?

Entonces ha pasado algo?

—¿Qué?

—Que si prefieres lamer la vitro al rojo o…

—Ah, eso, sí. Lamer la vitro.

Que luego te lo cuento, Paz!

—Claro, porque si no te mueres. ¿Y qué preferirías: sudar queso fundido o llorar caca?

¿QUÉ?

—¿Qué le pongo, señora?

¡JODER, QUÉ SUSTO! Un charcutero se materializó como de repente delante de mí. Cómo había llegado yo al mostrador de la charcutería era todo un misterio.

—Mortadela de pavo, porfa. Doscientos. Y ese trocito que te queda de lomo embuchado.

Joder, Dero, pero dime algo, no me dejes así

—¡Mamá!

—¡¿Qué?!

—¿Preferirías sudar queso fundido o llorar caca?

Dero, yo no sé si no tendremos
que llevar a Gabi al psicólogo

—¿Algo más, señora?

—El queso.

—¿Qué queso quiere?

¿Eh?

—No, no, perdón —le dije al charcutero—. Le decía al niño. Trescientos de chorizo de vela.

—¿Entonces preferirías sudar queso?

—¿Picante o dulce?

Qué le pasa a Gabi?

—Dulce, por favor.

—Mamá.

—¿Qué?

Está raro

—¿Preferirías sudar queso?

—Yo diría que sí, ¿no?

—Claro, porque, además, bueno, el de los sobacos no porque tendría pelos, pero, por ejemplo, el de la frente podrías recogerlo con un vaso y aprovecharlo, pues, qué sé yo, para el desayuno.

Gabi siempre está raro

—¿Y qué preferirías: matar a tres desconocidos por tres mil euros o a un conocido por cuatro millones?

¡¿PERO QUÉ....?!

—¿Alguna cosa más?

Miré al charcutero con cara de susto y la mente totalmente en blanco.

—No, nada.

Hoy más de lo normal

—Mamá.

Recogí el paquete que me daba el charcutero.

—Qué.

—Que qué preferirías.

Bueno, luego hablamos
Bs

Guardé el móvil.

—¿Al conocido le tengo cariño?

—No. Le conoces, pero no tienes mucho trato. De hecho, ni siquiera te cae bien. Bueno, ni bien ni mal.

Miré la etiqueta del paquete de la charcutería, abriendo mucho los ojos al ver el precio del lomo embuchado, que debe estar hecho de lomo y diamantes, por lo que se ve. Lo estoy viendo: un anillo de compromiso de oro y lomo embuchado.

—Pues, hijo, creo que los cuatro millones. —Pensé si sería ese el preciso momento en que estaba a punto de coronarme como Peor Madre del Universo Conocido (de la que hasta la Paz del universo de la Paz que gritaba a la cara se sentiría avergonzada), e intenté remediarlo rápidamente—. Oye, Gabi, ¿tú sabes que matar está mal, no?

—Claro, mamá —me respondió mi hijo mayor, mirándome como si yo fuera idiota—. Solo son preguntas hipotéticas.

—Muy bien, hijo. Me dejas más tranquila.

Eché un vistazo rápido alrededor, mientras me pellizcaba nerviosa los labios.

—¿Qué te pasa, mami?

—Creo que se me olvida algo… —Miré el reloj—. Bueno, da igual. Vamos a buscar a Maya.

✳ ✳ ✳ ✳

—¿Qué ha pasado en el pediatra? ¿Qué te ha dicho?

La ansiedad hacía presa en mí tan fuerte que ni todas las pipas de calabaza del mundo habrían sido consuelo.

—Que no ha cogido peso.

—Ah, ¿eso? —dije, entre extrañada y aliviada—. Pero si eso no es nuevo. Teo siempre ha sido pequeñito, siempre coge poco peso.

—Sí —continuó Dero—, pero parece ser que desde la última revisión ha bajado mucho de percentil y al pediatra le preocupa. Nos ha dado cita para volver el martes que viene a pesarlo otra vez y ver.

—¿El martes que viene? —Me miré los dedos como quien mira un calendario invisible—. ¿De qué estás tú la semana que viene?

—Turno partido otra vez.

Así que me toca llevarlo a mí.

—Así que me toca llevarlo a mí.

—Sí.

—Joder. A Vicente no le va a hacer ninguna gracia.

—Ya, pero es lo que hay.

—Bueno, a ver, que también podías pedir permiso tú, ¿eh?

—Paz, ya sabes que nosotros lo tenemos más complicado, estamos los justos y los paquetes tienen plazos de entrega. Si falta uno, se jode toda la cadena.

—Claro, y entonces que se joda Paz, ¿no?

—Joder, Paz…

—Ya, ya, ya lo sé. —Yo sabía que Dero tenía razón, pero es que me altera esta cuestión, que al final parece que siempre lo que yo tengo que hacer es lo menos importante de todo—. ¿A qué hora te ha dado?

—A las once y media, creo.

—Joder, Didier, ¡a esa hora me parte la mañana! ¿No podías pedir otra?

—No me di cuenta.

—Vale, nada… —resoplé—. Ya llamo yo mañana, a ver si me la pueden cambiar.

¿Sería mucho pedir que alguien me lo pusiera un poquito fácil alguna vez?

—¿Me trajiste eso? —me dijo Didier. Yo no tenía ni idea de lo que me hablaba.

—¿Si te traje qué?

—El aceite de coco que te pedí ayer.

—¡Ay, coño! —Sabía que se me olvidaba algo…—. Lo siento, *amore*, se me olvidó.

—¿Y por qué no lo apuntaste?

A ver, yo sé que él estaba bromeando, pero me apetecía matarlo. Despacio. Y lo habría hecho por menos de cuatro millones de euros.

—¿Y por qué no fuiste tú que tuviste toda la puta mañana?

—Perdona, yo he llevado al niño al pediatra.

—Uy, disculpe *usté*. ¿Quieres una medalla?

—Es que no sé para qué te he regalado una agenda para que apuntes todo si luego no la usas y te andas olvidando de lo importante.

—¿Ah, sí? —dije, siendo la Paz del universo de la Paz que grita—. ¿Quieres hacerme una lista de todo lo que hago mal, Didier?

—Claro. Número uno: gritar. Número dos: mandarme hacer listas.

—Vale, ¿sabes qué? —dije, haciendo un esfuerzo por respirar profundo, *one more time,* porque yo me estaba cabreando y él estaba de cachondeo—. Que mejor me voy a dormir al bebé antes de que esto se descontrole. Baña tú a los mayores y acuéstalos. ¡Ah! Y acuérdate, **POR FAVOR,** de lavarles la cabeza con el antipiojos.

MIÉRCOLES, 22 de enero

En todos los trabajos hay un gilipollas. El nuestro se llama Amelio. Le cae bien a todo el mundo porque tiene un luminoso acento andaluz que hace que diga lo que diga parezca que está de cachondeo. Te puede insultar lo más grande y hacer que te rías porque «te lo dice con mucho arte». Pero a mí no me la da: yo sé que tiene muy mala leche y que usa su acento para decir todas las maldades que se le ocurren sin filtro ninguno, fingiendo estar de broma.

—¡Ahí va, Paz! —me dijo apoyando sus manos en las rodillas para agacharse lo bastante como para meter su bigotito retro en mi espacio personal—. ¿Y esas gafas? —¿Lo ves? Pura inquina, el cabrón.

—Pues ya ves, que he cambiado de aires.

—Ay, hija, ¡pero si no te favorecen nada! —y fue levantando la voz poco a poco, porque aquí el graciosete si no lo oye todo el mundo pues no le merece la pena el chiste.

—¿Te he preguntado yo, Amelio?

—¡Ay! ¡Pero si pareces mi tía la Antonia la del pueblo, que se quedó *pa* vestir santos!

—¿Porque tenía unas gafas como estas?

—No, hija, porque tenía el carácter igual de *avinagrao* que tú.

Pero vamos a ver, Amelio, ¿tú eres gilipollas o qué coño te pasa?

71

—Ja, ja… Ya… ¡Uy! Me acabo de acordar de que tengo que hacer una cosa.

Cogí mi móvil y salí rauda a la calle. Principalmente por quitarme a Amelio de la vista antes de que me saliera una úlcera, porque el tío es superamiguito de Vicente —de hecho, oí decir en una ocasión que es el sobrino de su mujer, aunque no sé si será verdad— y aquí es intocable y, claro, pues no se le puede mandar a la mierda. Pero también porque tenía que llamar al centro de salud para cambiar la cita de Teo. Solo les quedaban dos sitios, a las nueve y media y a las doce. Evidentemente, cogí la primera hora.

Con la cita ya cambiada fui a hablar con Vicente para decirle que el próximo martes tendría que llegar un poco tarde.

—¿Pero no me habías dicho que no me preocupara por estas cosas que se iba a encargar Didier para que tú no perdieras horas?

—Sí, Vicente, pero es que esta es una visita extraordinaria, nos la ha puesto el pediatra…

—Vamos a ver, Paz —*ay*—, yo entiendo tu situación —*tú qué vas a entender…*—, pero es que vienes solo cuatro horas y hasta hace nada me estabas llegando tarde todos los días.

No iba tan mal como podría parecer. Aún no me había plantado un NO rotundo, y yo prefería no jugar la baza del día de asuntos propios porque, por alguna razón que mi mente proletaria no alcanza a comprender, a mi jefe le parece fatal que intente ejercer algunos de mis derechos laborales.

—Mira, lleva al niño, pero empieza a organizarte mejor, Paz, porque al final me trae más a cuenta prescindir de ti que mantenerte.

Hostia. ¿Me acaba de amenazar con despedirme? ¿Me estás amenazando, Vicente?

—Haré todo lo que pueda, Vicente. —*Mamón*—. Prometido.

Volví a mi sitio decidida a ser altamente resolutiva y proactiva para demostrarle a Vicente que echarme del trabajo sería el mayor error de su vida. Así que entré en mi correo, recuperé las claves de acceso a los cursos pendientes que me había enviado Lucía, y me metí en la plataforma, donde visualicé la portada del primero de los dos cursos que tenía que hacer:

RECONSTRUCCIÓN DE LA ESTÉTICA EN LA ILUSTRACIÓN Y EL DISEÑO

Ética de los cánones desde una perspectiva de género.

Imparte: un tío

Oh, qué bien. Un tipo hablando de perspectiva de género. Pues empezamos bien.

Hice clic para acceder y una voz —como la de Vicente, pero con un fuerte tono de sorpresa— saltó por detrás de mí:

—¡¿Pero qué estás haciendo?!

Me giré y para sorpresa la mía, que sí que era Vicente.

—Eh… Yo… Voy a… Hacer los cursos.

Vicente me miró con expresión de horror.

—¡¿En horario de trabajo?!

Me cago en Pascual, me he perdido algo. ¿Esto no es trabajo?

Mantuve silencio porque sabía que la pregunta de Vicente no tenía, en realidad, respuesta correcta. Es como cuando eres adolescente y tu madre te pregunta: «¿Te parecen horas de llegar a casa?». Ante mi cara de perplejidad, Vicente —como toda madre— siguió con su sermón:

—Paz, estás con horario reducido, me llegas tarde todos los días —*oye, Vicente, que esta semana estoy siendo puntual…*—, tienes que faltar al trabajo. —*Ehem… Vicente,* que voy a llegar tarde UN día, y va a ser media hora…—. ¿Y ahora vas a perder tiempo aquí en esto? No, no, no, Paz. Esto lo haces en tu casa.

Me cago en la sota bastos, Vicente…

—¿Pero esto no tiene que estar hecho antes de que termine el mes?

—Sí.

—¡¿Y cuándo quieres que lo haga?!

—Pues por las tardes.

—Esta semana y la que viene estoy sola con los críos, Vicente, es imposible hacer esto si estoy con ellos.

—Pues te organizas, Paz. Y si no ya ni te molestes en venir.

¿Me estás amenazando otra vez, Vicente? ¿EN SERIO? ¿ME ESTÁS AMENAZANDO? Pues déjame que te diga una cosita:

—Muy bien, Vicente. Tranquilo. Ya veré cómo lo hago pero estará antes de fin de mes. Palabra.

Eso. Así aprenderás.

Cuando Vicente se volvió a su mesa, Javi intentó animarme:

—Tranquila, Paz. Eso va a estar *mamao* para ti. Si a ti estas cosas se te dan superbién.

Y Amelio, que seguía pululando por allí porque parece ser que para caerle bien al jefe no tienes que ser productivo: basta con «estar» en la oficina, vino también a darme su opinión no pedida:

—Uf, reina, no sé yo… A mí esos cursos me llevaron un montón de horas, ¿eh?

Ya, Amelio, pero tú tienes las mismas luces que una bombilla de madera.

—Ya… Gracias por los ánimos, Amelio. Era justo lo que necesitaba oír.

—¿Lo ves? —farfulló mientras se iba—. Igualita que la Antonia.

* * * *

Fue inevitable: la muy pérfida me estaba esperando de pie, con mi bebé en los brazos. Y un instinto lobuno poco apropiado para la vida civilizada fue apoderándose de mí.

¡Suelta a mi cachorro, intrusa, o conocerás mis garras!

—Buenas tardes, Paz —me dijo sonriendo.

—Hola, Marisol —le dije arrebatándole a mi hijo de sus zarpas de *osa-cavernaria-y-los-pegamoides*—. ¿Cómo estás?

—Bien, muy bien, gracias. *—No me interesa tu estado, Marisol—*. Mira, quería hablar contigo de Teo. No sé si Carla te ha comentado algo ya.

—¿Acerca de…?

—Verás, es que personalmente tengo la sensación de que a Teo le está costando un poquito más que a los demás la adaptación. No sé tú qué piensas.

—Yo creo que a los bebés de un año y medio les cuesta separarse de sus madres, sí.

Y también que a las madres les cuesta separarse de sus bebés, ya que estamos.

—Bueno no, a todos no.

—Ah.

—A algunos no les cuesta nada.

—Pues qué suerte.

—A otros les cuesta un poquito más.

—Ya veo.

—Y a Teo es que yo creo que le está costando mucho.

—Pues Carla me dijo el otro día que cuando lleva un rato dentro está feliz y «que no se acuerda de mí para nada».

—Ya, bueno, sí, eso cuando está dentro. Pero es que en la puerta es un drama la separación.

—Ya. ¿Y no es eso habitual?

—Pues es que es depende.

A ver, osa de las cavernas, deja de marearme que no eres la primera que me viene con este discurso y te estoy viendo venir.

—¿Y crees que hay algo que podamos hacer para que él esté mejor en la separación? —le pregunté.

—Pues sí, sí. Verás, te he visto darle pecho en la entrada.

—Sí.

—Y en la salida.

—Ajá.

—Pero sobre todo en la entrada.

—Sí.

—¿Toma mucho pecho?

No es asunto tuyo.

—Cuando no está conmigo, no.

—Ya, mujer, ja, ja, ja. —*Ju, ju, ju, no era un chiste, Marisol*—. Me refiero a que si tiene mucho vicio.

Ya estamos...

—¿Vicio?

—Sí.

—¿Que si Teo tiene vicio?

—Sí.

—¿Este Teo? ¿Teo EL BEBÉ?

—Sí… Mira, Paz —e irguió la espalda como un animal que se yergue para aparentar ser más grande y dejar clara su posición dominante; casualmente, como un oso—, es que creo que todo el drama viene porque es que el niño tiene mucho vicio a la teta. Creo que si lo destetaras lo llevaría mejor. Y tú también.

¿Ahora te preocupas por mí?

—He visto llorar a otros niños que no toman teta.

—Si otros niños tienen problemas de adaptación —me dijo muy seria— es un tema que como comprenderás tengo que hablar con sus padres, no contigo. Contigo hablo de tu hijo.

No estás hablando de mi hijo. Estás hablando de mí, de mi educación, crianza y lactancia, y NO ES ASUNTO TUYO, osaposa.

Decidida a hacerle ver mi desacuerdo con ella, adquirí un tono formal y dije:

—Comprendo.

—Es que, Paz, no le estás haciendo ningún bien al niño. Un niño con un año y medio no tiene ninguna necesidad ya de tomar teta.

Las tetas me estás hinchando, Marisol, que me estás poniendo los estrógenos a hervir.

Hice un cálculo rápido, en el que repasé mentalmente todas las escuelitas que están por la zona y a las que podría —sin mandar al carajo todo el organigrama familiar— llevar a Teo, y de ellas cuáles me podría permitir. Al recordar que no tenemos opción válida, me recordé a mí misma que, cuando vinimos a conocer esta, la directora —Marisol en cuestión— nos había dicho que este sería su último curso en este centro porque se jubila, lo cual, por alguna razón, siempre me había parecido un punto a favor del centro. Tenemos que aguantar. Solo quedan… Cinco largos meses para que acabe el curso escolar. ¿Qué hacer? ¿Discutir? ¿Darle la razón como si fuera —fuéramos— tonta y pasar de ella? Al final dije:

—Muy bien, Marisol. Si tú crees que es importante, lo tendré en consideración. Le daré una vuelta, ¿vale?

—Mira, Paz, es que…

—Marisol —la interrumpí—, me tengo que ir. Ya hablamos.

Y me fui con una sonrisa enorme y natural. Tan natural y nada forzada como un aguacate en Instagram.

* * * *

Cuando llegué a mi calle eran cerca de las tres, así que para comer me cogí unos tallarines para llevar en el chino de la esquina. Comí sentada en el sofá, con Teo en la teta y el portátil sobre la mesa. Así, antes de ir a buscar a Gabi y Maya al colegio para llevar a Gabi a su clase de cocina, entré de nuevo en la plataforma de los cursos para echar un ojo.

Aparte del curso de ética desde una perspectiva de género estaba otro, más de tipo técnico, sobre compatibilidades de máquinas y nuevos materiales plásticos. Una cosa que yo no necesito saber en absoluto, porque eso atañe a impresión, no a diseño, pero como los cursos están subvencionados y a Vicente le gusta ponerse la medalla de «tener a todos los empleados muy bien formados», pues aquí estamos: jodiéndonos por el bien común. Qué coño: por el bien de Vicente.

En todo caso parecían cursos bastante escuetos: eché un vistazo a los índices y eran apenas un puñado de capítulos cada uno —seis el de ética, cinco el de plásticos, y una media de cinco páginas cada capítulo—. *Si me concentro, los puedo quitar de en medio en una tarde, así que los haré el fin de semana.*

Entré a mirar Facebook y entre meme y meme empezó a aparecerme publicidad de restaurantes de comida oriental, probablemente porque acababa de estar en el chino de abajo. Estas cosas han dejado de asustarme desde el día que le comenté a una amiga que me gustaban sus azulejos, y esa misma tarde me apareció publicidad de Amazon con los mismos azulejos que ella tenía. La cuestión es que se me encendió una bombillita. Bueno, lo que se me encendió fue el apetito al ver una foto de un platazo de *sushi*. Y se me ocurrió que hace mucho tiempo que Dero y yo no salimos por ahí a cenar. Saqué la agenda de mi bolso y eché un vistazo para asegurarme de no meter la pata y solapar planes. *El domingo es inviable salir porque el lunes se madruga y con los niños es un lío. Y este viernes imposible porque Didier sale de trabajar a las diez de la noche. Pero el sábado...*

Un plan malévolo cobró forma en el horizonte y así, en caliente, me lie la manta a la cabeza y empecé a mover hilos. Cogí el teléfono, llamé al Go Sushi y reservé mesa para el sábado a las nueve de la noche. A continuación me metí en Google y busqué. Esperaba que no hubieran cambiado la política. Llamé. Una voz suave sonó al otro lado del teléfono:

—Maloryan, buenas tardes. Le atiende Cristina. ¿En qué puedo ayudarle?

—Hola. Esto, mira, quería saber... ¿Sigue siendo posible reservar una habitación por horas?

—Por supuesto. Puede reservarla por las horas que necesite. El precio de esta modalidad de alojamiento es de aproximadamente veinte euros la hora e incluiría acceso al *spa*. El pago de las reservas por horas ha de hacerse por adelantado en el momento de la reserva y no es reembolsable. ¿Le interesaría hacer una reserva?

—Sí. ¿Para este sábado por la noche sería posible?

—Sí, sin problema. Tenemos varias habitaciones disponibles. ¿Sería para una doble?

—Sí.

—Perfecto. ¿Y cuántas horas necesitaría la habitación?

¿Una? ¿DOS?

—Apúntame tres por si acaso.

Di mis datos, incluido el número de tarjeta para pagar la reserva, colgué el teléfono, dejé a Teo en el suelo jugando con su tren y me fui directa al último cajón de mi mesita de noche, ese donde acaban todos los tesoros en desuso. Saqué la caja de zapatos, revolví los trastos buscando con avidez y allí estaban: unas esposas que nos habíamos autorregalado Dero y yo en nuestro primer aniversario.

Este sábado voy a liar un 50 sombras de Paz que se va a sonrojar hasta la Vane. Qué coño: se va a sonrojar hasta el puto Christian Grey.

JUEVES, 23 de enero

Empieza a preocuparme la suavidad de mi chirri. Es decir, ¿cuánto hace de la odisea depilatoria? Recuerdo que después llevé a Gabi a robótica, así que era jueves, ¿no? Me depilé el jueves pasado, hace solo una semana. ¿Por qué tengo pelos ya? Mira que, con lo que me costó encontrar hueco para depilarme, como llegue a mi noche de mambo con eso como el pecho de un leñador ruso rodarán cabezas. Pero bueno, no *preocuparse,* que es apenas una pelusa. De aquí al sábado aún estará suave.

* * * *

Hoy me he levantado con la espalda hecha un cuadro. No sé qué le ha pasado a Teo esta noche, pero se despertó llorando varias veces y ha estado horas agarrado a la teta. Me levanté como un zombi, no solo por mi cara de sueño y mis enormes y moradas ojeras, sino porque caminaba doblada y medio arrastrando la pierna derecha, porque como el lumbago se veía poca cosa, pues ya aprovechó para pinzarme el nervio ciático o ve tú a saber qué.

Iba a rastras por el pasillo camino del baño cuando me crucé con Dero, que iba cargado de ropa, y lo paré en seco. Probablemente era el dolor de espalda quien hablaba, pero…

Me tienes hasta los cojones, Didier.

—Dero, al revés.

—¿Al revés qué?

Respira, Paz.

—Que los jueves el que tiene gimnasia es Gabi.

Claro, si es que es normal que el pobre no lo sepa, porque aún estamos en enero. Los niños solo llevan cuatro meses de curso, no ha tenido tiempo para aprenderse los días que tienen gimnasia. Terminé el recorrido hasta el baño mientras él ponía orden en la ropa de los niños.

Me cago en todo, estoy segura de que había dejado enchufado mi cepillo de dientes. ¿Por qué está enchufado el de Didier?

Empecé a lavarme los dientes y a los dos segundos mi cepillo se quedó sin batería.

—¡ME CAGO EN LA PUTA!

—¡¿Qué ha pasado?! —gritó Didier desde el salón.

¡QUE ME TIENES HASTA LOS HUEVOS, DIDIER, ESO HA PASADO! ¡Que siempre me haces lo mismo!

—Nada —grité en respuesta—, déjalo.

El bebé empezó a llorar. Me niego a admitir que probablemente porque se despertó cuando yo grité. Dero fue a ocuparse de él y yo empecé a cepillarme los dientes de forma absurdamente manual con mi cepillo de dientes eléctrico apagado. Teo no dejaba de llorar llamando a mamá, y al final Didier se asomó por la puerta con él en brazos.

—¿Puedes cogerlo?

Le miré con cara de pocos amigos.

—Me estoy lavando los dientes —dije, pensando que aquello era un aporte innecesario ante lo que era jodidamente evidente.

—¿Y no puedes coger al bebé un momento?

Claro, claro, ¡qué idiota soy! Que menos que coger al bebé un momento. Se ve que haber estado amamantando durante CUATRO HORAS por la noche no es suficiente.

Resoplé.

—Trae.

Y terminé de cepillarme los dientes, manualmente, con mi cepillo de dientes eléctrico apagado, y el bebé en el otro brazo.

¿Podía joderse más la mañana? Podía. No nos quedaba paracetamol.

* * * *

Yo sabía que en alguna parte, entre el lugar en el que normalmente aparco el coche y mi trabajo, tenía que haber una farmacia. También sabía que tengo el mismo sentido de la orientación que una brújula de ganchillo. Contando con todo ello corrí cuanto pude, móvil en mano mirando el *maps,* para ir rápido a la farmacia. Lo que no sabía era que, a pesar de todos mis esfuerzos, me encontraría con una cola de cinco jubilados y dos personas *random,* y que pasar por la farmacia a comprar algo que me aliviara el dolor de espalda me acabaría costando llegar diez minutos tarde a trabajar.

—Paz.

—Ya lo sé, Vicente, ya lo sé. —Me apetecía llorar—. Es que de verdad que necesitaba comprarme algo para el dolor de espalda o no iba a aguantar toda la mañana sentada. —*En esta mierda de sillas que nos tienes aquí puestas*—. Es que el bebé se ha pasado la noche enganchado a la teta, y…

—¿A la teta? ¿Con lo mayor que es?

Joder, otro…

—Mira, Paz, pues lo que tendrás que hacer será destetar a ese niño, que ya es muy grande. Y a mí no me importa lo que hagas en tu vida, Paz, pero es que si te va a estar influyendo en el trabajo, pues es que tendrás que destetarlo ya. Que ya es hora de cortar el cordón umbilical, ¿eh?

No me lo puedo creer. Vaya huevazos que tienes, Vicente. Vete a tomar por culo.

—No volverá a pasar, Vicente.

Me fui renqueante, con la espalda torcida y la pierna derecha aún cojeando, a mi mesa y me tomé un paracetamol como quien se mete un chute de chocolate después de un día de mierda, suplicando a algún dios menor que me hiciera efecto pronto o acabaría llorando sobre el teclado. Le di los últimos toques al proyecto que tenía abierto, y mandé la prueba a impresión. Tardaría algunos minutos, y aproveché para cortar los últimos flecos para mi plan de *50 sombras de Paz* de este sábado: los niños. Llamé, cómo no, a mi madre, mientras iba poniendo orden en todo el jaleo de papeles y notitas que tenía esparcidas en la mesa para que pareciera que hacía algo útil.

—¡Hola, mamá! ¿Cómo estás?

—Bueno, bien, pero, mira, acabo de ver a Modesta, ¿te acuerdas de ella? ¿Que tiene una hija que estaba muy gorda muy gorda que iba cuando tú en el autobús al instituto?

—Pues, mamá, no caigo, la verdad. Oye, te quería preguntar...

—Bueno, pues resulta que la echaron de la empresa, a la hija de Modesta, porque por lo visto ella no hizo nada, pero dice el jefe que robaba y dice Modesta que había sido un compañero que...

—Mami —la interrumpí, muy a mi pesar, porque si la interrumpía igual se me enfadaba (y entonces ya no podría pedirle un favor)—, es que no me puedo liar que estoy en el trabajo.

—¿Y entonces *pa* qué me llamas?

—Es que te quería preguntar si me podrías hacer un favor.

—¡*Madré*! Últimamente pides más que Hacienda.

—Vaya… Bueno, nada, déjalo —dije, con la confianza de quien sabe que el otro se está tirando un farol, porque son ya muchos años de intercambio de favores con mi madre.

—No, hija, no. Dime, que si puedo…

—¿Este sábado podrías quedarte con los niños?

—¿Con los tres?

—Sí.

—¿Y eso? ¿Qué vais, a salir?

—Es la idea.

—¿Y adónde vais?

A cenar y a un hotel a tener una sesión de tres horas de sexo loco y desenfrenado.

—A cenar y al cine. —*Hay cosas que a una madre no se le cuentan, y menos aún a la mía, que sabe de guardar secretos lo que sé yo de construir barcos.*

—Vale, hija. ¿Me los traes a casa?

—Pues había pensado que si puedes venir tú a la nuestra sería mejor… Es que volveremos tarde, y así ya duermen del tirón hasta el domingo y no tenemos que pasearlos a las tantas.

—También se pueden quedar a dormir aquí, ¿eh?

—Mamá, sabes que Teo es pequeño…

—Claro, hija. Es que si no le estuvieras dando teta todavía…

Joder. Otra. ¿PERO QUÉ COÑO OS PASA A TODOS?

—Bueno, ¿entonces puedes venir? ¿Sobre las ocho?

—Muy bien, hija.

—Vale, mamá. Gracias, te veo el sábado.

—¡Oye! ¿Y a la pelu no vas a ir?

—Hasta el sábado, mami.

Colgué. Y me quedé pensando que, mira, pues también tiene razón: para una vez que salgo, ¿por qué no ir a la peluquería?

Miré la pantalla de progreso del archivo que había mandado a imprimir. Ya debía estar listo, así que de la que iba a la zona de impresión a recogerlo marqué rápido en el móvil.

—Sara Ruesga, buenos días.

—¡Hola, buenos días! Quería ver si mañana por la tarde tendríais sitio.

—¿Para qué sería?

—Para… —*Ostras, ¿para qué?*—. Para cortar y peinar.

—Sí, te podría dar para las tres.

—Ay, no, a esa hora imposible…

—¿A qué hora te vendría bien?

Puse en orden rápidamente mi calendario mental. *Cojo a Teo a las dos y pico. Niños salen del comedor a las cuatro. Viernes-Maya -ballet, cinco y cuarto a seis y media. Dero, trabajando. Eeeeehhh…*

—¿A las cinco y media podría ser?

—Puede ser, aunque a esa hora no está Sara.

—Bueno, no importa. Solo peinar entonces.

Puede que llevar a Gabi y Teo conmigo a la peluquería no sea el mejor de los planes, pero la alternativa es pedirle OTRO favor a mi madre, así que… No les pasará nada por respirar laca una horita.

Cogí la prueba de impresión y volví a mi mesa, contemplando aquella enorme mierda de mi creación que tenía que desaparecer antes de que a Vicente le diera por acercarse por mi mesa. Volví a abrir el archivo en el Illustrator y, a la vez, abrí WhatsApp en el ordenador. Escribí a Dero.

> Amore

Dime

> No hagas planes para este finde, nene
> :D

Tarde

¡¿CÓMO?!

> Qué??

He quedado con mi madre para ir a verla el domingo

> Ah! Vale, no problem

Por qué?

> El sábado de noche nos vamos a cenar
> Viene mi madre a quedarse con los peques y luego te tengo una sorpresa

¿?

> Ya verás

Miedito me das...

> Que no, que te va a gustar ;)

Vi a Amelio acercarse por el pasillo. Cerré el WhatsApp y seguí trabajando. Puede que fuera el paracetamol, puede que fuera la perspectiva de una noche de sábado redonda, pero la espalda ya no me dolía. Seguro que el resto del día iba como la seda.

* * * *

Es cierto que podría haber aprovechado la tarde, antes de llevar a Gabi a robótica, para ir adelantando algo de los dichosos cursos que tenía que hacer el fin de semana. Pero después de la noche que había pasado, no pude evitar querer apuntarme a la siesta de Teo, así que actué como la terrible madre que soy —que, a ver, soy más madres, pero esta tarde necesitaba ser la madre terrible— y dejé a los mayores jugando a la consola mientras yo dormía un ratito con el bebé. Por fortuna, a eso de las seis, Gabi y Maya empezaron a discutir muy fuertemente porque, al parecer, Gabi había construido un establo para sus caballos en la parcela de Maya y Maya necesitaba la parcela para criar conejos, o algo así —que lo llamarán Minecraft e irán de modernos, pero yo me acuerdo de que mi abuelo tuvo más que palabras con un vecino por algo parecido con unas vacas y unos cerdos—. La suerte fue que sus gritos me despertaron, porque no había oído el despertador. O puede que me hubiera olvidado de ponerlo, no confirmo ni desmiento. Total, que me levanté de un salto y fuera la consola, niños los zapatos, arriba el bebé, ostras la merienda, dónde está mi bolso, ya lo tengo todo, venga vámonos.

Gabi llegó a su hora a robótica. También salió a su hora: a las ocho y media como un reloj. A eso de las nueve aparqué a dos calles de nuestro portal. Cinco minutos más tarde estaba buscando las llaves en mi bolso. Otros cinco minutos después estaba buscando FRENÉTICAMENTE las llaves en mi bolso. Después de otros dos minutos tenía TODO MI BOLSO esparcido en el escalón del portal. Y tras un vistazo exhaustivo, quería llorar. Había salido de casa sin llaves. Y Didier aún tardaría más de una hora en llegar. De entre todas las cosas horribles que podrían haberme pasado hoy a última hora del día, quedarme en la calle con los niños estaba entre las tres peores, junto a romperme las dos piernas y comerme por accidente algo muy asqueroso, como una rana viva o una *pizza* con piña.

Yo encabezando la marcha, seguida por dos niños que arrastraban los pies como si llevaran unos bonitos zapatos de hormigón armado, anduvimos las dos calles de vuelta y volvimos a meternos en el coche.

—Mamá, tengo hambre… —dijo Gabi.

—Yo también… —protestó Maya.

—¡ABÁ BABÁ BABÁ! —añadió Teo.

Yo también tenía hambre. Volví a mirar el bolso. Tenía medio Toblerone. Pensé en comérmelo a escondidas. Pero entonces la madre responsable que hay en mí me recordó que hoy ya había hecho una vez de la madre terrible, y que tampoco era cuestión de pasarse. Aunque, por otro lado, es tarde para darles azúcar… Vale, llegué a una solución intermedia: comprobé que tenía dinero y arranqué el coche.

—¿Adónde vamos?

—Es una sorpresa.

—¿Qué comes, mami?

—No *eftoy pomiendo* nada.

* * * *

Didier acababa de llegar a casa cuando nosotros volvimos, ahora todos arrastrando los pies porque a mí volvía a dolerme la espalda. Me miró con lógica extrañeza.

—Estoy agotada —dije—. Voy a dormir a Teo. ¿Puedes bañar rápido a Gabi y Maya y acostarlos?

—Claro —me dijo, mientras recogía los abrigos y zapatos de los niños—. ¿De dónde venís?

—Del McAuto.

—¿Y eso?

Suspiré, derrotada.

—No preguntes.

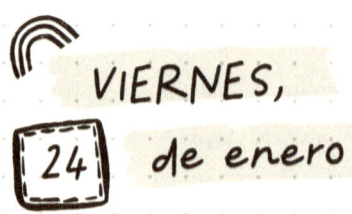

VIERNES, 24 de enero

Por fin es viernes, preludio del fin de semana y de un sábado prometedor, de esos de sábado sabadete, pero bien hecho, no las marranadas que harían en los setenta, cuando se puso de moda la expresión, que sabe dios lo que harían, pero intuyo que incluía muchas patillas y bigotes.

Sabía que la tarde sería un *sprint* para que me diera tiempo a ir a la peluquería en el rato que Maya estaba en clase de baile, pero esta mañana el café estaba fuerte y el ánimo arriba, así que me sentía bastante capaz de todo. Hasta que en el trabajo me llevé la primera hostia del día, que no vino de la manita de Vicente ni de Amelio, sino de quien menos me lo esperaba: de Lucía. Se acercó a mí cuando me vio tomarme un descanso para un café.

—Paz, hoy antes de salir acuérdate de coger los dosieres de los cursos.

¿What?

—¿Dosieres? ¿Qué dosieres?

—Los dosieres de los temas.

Lucía, qué me estás contando.

—¿Qué dosieres, Lucía?

—¿No has visto todavía mi correo?

Ay, dios mío, esto no me gusta nada.

—¡¿Qué correo?!

—En el que te mandé las claves.

—Sí, sí, claro que lo vi. Si ya entré en la plataforma y todo a echar un vistazo.

—¿Y leíste lo que te puse?

En mi mente yo ya estaba llorando, pero al tiempo absurdamente aferrada a un clavo que, más que estar ardiendo, lo que tenía era una inscripción que ponía: «A lo mejor son dosieres pequeñitos».

—Yo… Vi las claves.

—¿Y lo que te puse al final del correo no lo leíste?

Pues se ve que no.

—Yo no recuerdo que pusiera nada.

—Que sí, Paz —me dijo Lucía, suspirando resignada porque si alguien en esta empresa está acostumbrada a mi empanada mental es esta pobre mujer—. Te puse al final que pasaras por mi despacho a recoger los dosieres de los temas, que la plataforma virtual es de apoyo, como para hacer unas pruebas tipo test, pero los temas están impresos.

Pero vamos a ver, ¿qué atraso es este, por favor? ¿Estudiar en papel? ¿Qué será lo próximo? ¿Runas en pergamino? ¿Dibujitos en cavernas?

—¿Y es mucho? —pregunté con evidente desesperación.

Lucía inclinó la cabeza y apretó los labios.

—Bueno… —dijo—. Pequeños no son.

Y decía la verdad. Cuando terminé el café fui con ella a su mesa y allí estaban: cuatro cuadernos que debían de pesar como cuatro pollos capones, como cuatro alcaldes corruptos, como cuatro agujeros negros posándose de repente sobre el frágil tejido espacio-temporal de mi fin de semana.

ME CAGO EN TODO.

Tuve que hacer un cuadrante mental a ver cómo incluía aquellos cuatro monstruos y sus más de quinientas páginas en el perfectamente hilvanado calendario que yo me había montado ya. El clavo que antes ponía «a lo mejor son dosieres pequeñitos» ahora ponía «a lo mejor tienen muchos dibujos». Me negué a abrirlos para comprobarlo. Los disgustos de uno en uno.

Como fuera, cuando volví a mi mesa lo primero que hice fue mirar el correo que Lucía me había enviado con las claves para ver si, efectivamente, me había hablado de esos dosieres y, para mi decepción, sí que lo había hecho. Además, en letra normal, no en letra pequeñita de banco que te la mete doblada. Había sido yo quien no lo había leído. Maldición. Aprecio mucho a Lucía, de verdad que sí, pero ojalá pudiera haberle echado la culpa de todo.

*   *   *   *

A mediodía, en medio de las prisas de recoger a Teo e ir a comer algo antes de recoger a los mayores en el comedor para llevar a Maya a *ballet,* eché un ojo muy rápido a los dosieres. No son de los que tienen muchos dibujos. Al menos hay esquemas que comen muchos folios, pero dibujos apenas. ¿Cómo puede ser que haya pocos dibujos en un curso sobre ilustración y diseño? **Esto es un sinsentido.** Pero no pasa nada, tengo un plan: mañana madrugaré. Y ya iremos viendo qué tal se nos da.

Cuando dejé a Maya en la clase de baile a las cinco y diez tuve la precaución de preguntarle a Lola si habría algún problema si la recogía un poco más tarde.

—Voy a intentar llegar a las seis y media en punto —le dije—, pero tengo que ir a un recado importante y quizá me retrase un poco.

—No te preocupes, Paz —me dijo Lola con su habitual amabilidad—. Se puede quedar un ratito en la clase siguiente, con las mayores, que son muy pocas y hay sitio de sobra. Tú no te apures.

—Gracias, Lola. Hasta luego, Brisa.

Y le di un beso a mi hija, la que no tiene nombre estable.

Ni qué decir tiene que a Gabi no le hacía ninguna gracia en absoluto tener que sentarse en un asiento de sala de peluquería durante una hora, menos aún teniendo que cuidar de su hermano pequeño. La madre terrible que soy hizo uso de su turno de hoy:

—Te dejo mi móvil.

—¡Bien!

—Para que pongas vídeos.

—¿Y no puedo jugar?

—No. Vídeos.

—Oh. Bueno, vale.

—Que le gusten a tu hermano.

—¡Jooooooo!

Yo escribo ¡Jooooooo! En realidad, no hay exclamaciones, oes ni mayúsculas suficientes para expresar en forma escrita el gruñido gutural y rabioso que exclamó mi hijo mayor. Tal vez, ahora sí, serían más apropiados unos dibujitos en una caverna.

—Lo siento, Gabi. Es lo que hay.

Dejé a mi hijo mayor cuidando de mi hijo pequeño y a Cocomelon cuidando de ambos mientras me atendía una peluquera, una mujer de unos cincuenta años, a la que no había visto en mi vida.

—¿Qué quieres hacerte, entonces? —me preguntó, moviéndome el pelo con las manos de esa forma que hacen las peluqueras, como si estuvieran estudiando dónde exactamente termina el pelo y empieza el cráneo, no vayan a tener un lamentable accidente con algún objeto cortante.

—Pues, mira, no sé. Mañana tengo una cena especial, necesito verme bien, cambiar un poco.

—¿Cortamos?

—No, no, para cortar prefiero que esté Sara, que no te parezca mal…

—No, no, tranquila. ¿Y si damos algo de color?

¿Color? ¡Mmm!

La idea me entusiasmó. Sí, puede que fuera justo lo que necesitaba. Un poco de color, un toque sutil pero atrevido…

—¡Vale!

—¿Qué color te gustaría?

—¿Podría ser morado? No muy fuerte, o sea, un poco, algo muy sutil. Que sea como reflejos.

—Claro que sí, mujer. Te va a quedar fenomenal.

La peluquera se puso a darme palique mientras mezclaba potingues que no olían particularmente mal —aunque tampoco particularmente bien—. Empezó a dividirme el pelo en mechones y a aplicarme la cataplasma con una brocha. Chof, chof, chof. Yo no entiendo mucho de peluquería, pero me daba la impresión de que aquello era más… contundente… de lo que yo quería.

—Oye, pero… ¿esto es baño de color?

—¿Y esos niños tan guapos? —Chof, chof, chof—. ¿Qué son, sobrinos?

—No, no. Son mis hijos.

—¿Tus hijos? —Chof, chof, chof—. Ay, ¡pero si te hacía soltera! ¡Con lo joven que se te ve! —Chof, chof—. ¡Y dos, además!

—Bueno —dije, un poco sonrojada—, en realidad tengo tres, la mediana está en clase de *ballet*.

—¡¡Tres!! —Chof—. ¡Madre mía! —Chof, chof—. ¡Pero si estás superbién! —Chof—. ¡Si no parece que tengas hijos! —Chof, chof, chof, chof, chof.

—Ay, ji, ji, ji, ji, ji... ¡Gracias!

Y eso es lo más cerca que he estado de ligar en los últimos ocho años.

—Bueno, ahora te quedas aquí media horita con esto y enseguida te peino, ¿vale?

—Vale —dije, feliz porque «se me ve muy joven y estoy superbién».

Eché un ojo al reloj. Sin duda iba a llegar tarde a buscar a Maya a *ballet,* pero estaba bastante tranquila, porque yo ya había avisado a Lola de que tenía que hacer una cosa importante y que podría llegar tarde. Esperaba que no se diera cuenta de que «la cosa importante» era irme a la peluquería porque, ¿qué pensaría de mí? ¿Que soy una pija superficial y relamida? Esa no soy yo, que piso la peluquería dos veces al año...

Llegué «solo» veinte minutos tarde a buscar a Maya, que cuando me vio sonrió mucho, mucho, y gritó un «mamá, qué guapa estás», que ojalá hubiera podido esperar a llegar al coche. Lola me miró y puso una expresión que no supe identificar. ¿Estaba enfadada? ¿Estaba sorprendida? ¿Estaba aguantándose la risa? Quién sabe. De lo que no me cabía duda era de que ella era perfectamente consciente de que yo venía de la peluquería.

* * * *

Los niños y yo cenamos temprano y, cuando Dero llegó a casa, Teo ya estaba dormido, y los mayores estaban terminando de lavarse los dientes para irse a la cama.

—¿PERO QUÉ...?

—Ya, Dero, ya. Ya lo sé.

—Pero...

—Que sí.

—¿Y por qué?

—Ha sido un accidente.

—¿Cómo un accidente?

—Yo había pedido otra cosa.

—Está…

—Ya.

—Todo…

—Sí.

—¡Papá! —exclamó Maya feliz, por el pasillo—. ¿Verdad que mamá está guapísima?

—Sí… — balbuceó aguantando la risa, el muy gilipollas —. Está…

—¡¡ROSA!! —gritó Maya—. ¡¡Mi color favorito!!

* * * *

Dormí a los niños mientras Dero cenaba, y luego me reuní con él en el salón. Me miraba como yo miraría a Gatalina si un día llegara a casa y me la encontrara manejando un taladro. Me miraba, pero no se atrevía a decir nada. Sus ojos estaban a punto de estallar de contener la risa dentro.

—Yo pedí reflejos morados.

—Y te han teñido el pelo de rosa.

—Pues sí.

—¿Y pagaste?

—Pues sí.

—Entiendo.

Resoplé.

—Mañana tengo que madrugar.

—¿Por qué? ¿Vas a ir a que te lo arreglen?

—¿Qué? ¡No, hombre! —*Este tío está tonto*—. Es por los cursos que tengo que hacer para el curro, que es más material del que creía que era. Me han dado hoy unos dosieres enormes.

—Joder, ¿y no te los pudieron dar antes?

—Ya… Ehem… Bueno, Lucía, ya sabes, que está muy saturada y se le pasó.

Soy una persona horrible.

—Paz.

—Qué.

—No te queda tan mal el pelo rosa.

—Vete a la mierda, Didier.

Empezó a reptar por el sofá disimuladamente con una sonrisa maliciosa.

—Que te lo estoy diciendo en serio —acercó su boca a mi oreja y me susurró—. A ti te queda bien todo, *amore* —y me besó en el cuello.

—¿Ah, sí?

—Sssssí —y me besó en el hombro.

—Bueno, ya sabes… Hoy me han dicho que no parece que tenga hijos de lo bien que estoy…

—¿Y quién te lo dijo?

Una señora de cincuenta años que me pintó la cabeza de rosa.

—Alguien.

—Hueles bien, Paz… —Me metió la mano por debajo de la camiseta y empezó a acariciarme la espalda. Jo, qué bien sentaba—. ¿Y los niños ya están dormidos?

Un escalofrío nació en los dedos de Dero y subió hacia mi cuello para erizarme los pelos de la nuca.

—Sí…

Me besó la oreja.

—¿Los tres?

Empecé a derretirme.

—Sí…

Los dedos mágicos de Dero se encontraron con el cierre de mi sujetador y lo soltaron de un chasquido, y con el clac del sujetador mi cabeza volvió a aterrizar en este planeta. ¡NO, NO! ¡RESTAURANTE! *¡MI PLAN DEL SUPERPOLVAZO!* ¡MIS 50 SOMBRAS DE PAZ!

—¡Para, Dero, para! —y me aparté. El pobrecito me miró (normal)— con cara de no entender qué me había pasado de repente.

Pero es que si ahora lo hacemos mañana ya no tendremos tantas ganas, ¡y no puede ser! Tiene que ser perfecto, ¡tenemos que llegar deseándonos mucho! ¡Pero mucho, mucho! Madre mía, y ahora qué le digo…

—Pero, Paz…

—*Amore,* estoy derrotada y mañana tengo que madrugar mucho.

Suspiró.

—Vale, anda…

—Cari… —Le di un besito en la mejilla—. Mañana tenemos planazo, ¿te acuerdas? Tú confía en mí. ¡Y no te toques!

—¿Qué?

—Que no te toques.

—¿Que encima no me puedo masturbar?

—Tú hazme caso. —Le guiñé un ojo y él suspiró otra vez.

—Ok. Voy a bajar a Ronin.

—Vale, amor —le respondí, besándolo otra vez—. Yo me voy a la cama ya.

Y, efervescente como un Mentos en una Coca-Cola, me fui a dormir, ansiosa por que llegara la noche del sábado.

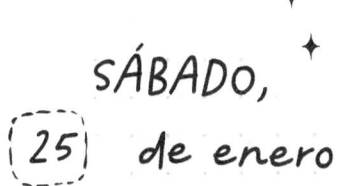

SÁBADO, (25) de enero

¡Ah, sí…! La vida está llena de grandes hombres… Leonardo DaVinci, Miguel de Cervantes, Albert Einstein… Muchos. Mujeres pocas. Pero ¿sabes lo que te digo, Alberto? Que si tú puedes dedicarte a hacer numeritos e ir por ahí con tu excentricidad de genio diciendo que «yo no pierdo el tiempo eligiendo mi ropa mimimí», es porque primero tu madre y después tu mujer se ocuparon de quitarte la mierda. Que serías un genio, pero ya te digo yo que seguro que palominos en los gayumbos tenías como todos. ¿Quieres una verdad universal, Alberto? Aquí la tienes:

EN EL CESTO DE LA ROPA SUCIA SIEMPRE HAY ALGO.

Y si tú no vas por ahí lleno de mugre es porque hay una mujer lavándote la ropa, Señor Importante.

Total, que yo hoy puse el despertador a las siete de la mañana para ponerme con los puñeteros cursos, y lo primerísimo que hice fue arrastrar el cesto de la ropa sucia desde el baño hasta la cocina para poner la lavadora. Bueno, no, lo primero que hice fue pis, que fue cuando vi que el cesto tenía la tapa sin cerrar por una cuestión de matemática básica que seguramente Einstein nunca llegó a conocer: si la pila de ropa es más alta que el cesto, la tapa no cierra.

¿He dicho ya que hoy, sábado, me levanté voluntariamente a las siete de la mañana? Creo que no lo he dicho lo bastante fuerte: A LAS SIETE. Pis y la primera lavadora de una serie de probablemente tres viajes. En el camino de vuelta al baño con el cesto tras de mí fui recogiendo calcetines por el pasillo que se habían caído a la ida. Ronin me perseguía algo nervioso, pero si tenía prisa por salir a la calle iba a tener que esperar a que Dero se levantara, porque a mí me urgía ponerme rápido a estudiar si quería quitarlo de en medio hoy y disfrutar de esta noche.

Volví a la cocina, puse a hacerse café y aproveché para ir fregando los platos de la cena de ayer. Mientras limpiaba la encimera, Ronin seguía dando vueltas nervioso a mi alrededor, así que les di de comer a Gatalina y a él, que a lo mejor lo que le pasaba era que tenía hambre. La cafetera terminó, la apagué para que el café se pudiera enfriar —porque a Dero le gusta frío— y me fui con mi taza al salón. Desplegué los dosieres sobre la mesa y empecé a echarles un primer vistazo para hacerme una idea de lo que haría las horas siguientes. Las cuatro mantas, restos de un fuerte que ayer hicieron los niños y convertidas ahora en un montón informe, que se apilaban de cualquier manera a mi lado, me desconcentraban. Las doblé y guardé en el cajón. Me volví a sentar y volví a ponerme con los dosieres, cuando sentí bajo mi culo una presión ligera, arrugada e inconfundible: unas bragas de Maya. Las llevé al cesto. Ronin seguía dando saltitos a mi alrededor. Volví al salón. Ahora sí: miré los dosieres, levanté el café y... El bebé empezó a llorar.

Me deslicé entre las sombras —he aquí otra frase que siempre había querido decir— y me acosté junto a Teo, le enchufé la teta y esperé pacientemente para que se durmiera otra vez, y yo poder seguir con mi plan en calma y soledad. Ya casi lo había conseguido cuando Gabi asomó la cabeza por la puerta del dormitorio.

—Mamá...

—Sssshhhh.

Tarde. Teo abrió los ojos como platos y me miró. Le hice un gesto con la mano a Gabi para que se fuera. Aún tenía esperanzas de que Teo se volviera a dormir. Gabi se fue, y al cabo de un minuto volvió a aparecer por la puerta.

—Mamá, que Ronin se ha cagado en la cocina.

Teo —ni que lo hubiera entendido— empezó a reír. Para cuando me levanté, limpié la cocina, serví los desayunos, le cambié el pañal a Teo y me senté en el sofá, me fijé en que sobre el dosier abierto, ahí donde el título rezaba en letra bien gorda «Perspectiva de género», cuan perfecto, personal y artístico subrayado había un churrete de pringue que se parecía mucho a un salpicón de Cola Cao. Ni qué decir tiene que no había sido nadie. Y que mi café estaba frío.

No sé qué sucedió con el tiempo esta mañana: eran más de las once cuando me senté a estudiar.

¿Sabes quién debió ser otro gran hombre? El tal Murphy, aunque no sé si tendría hijos. Si Murphy hubiera tenido hijos, me imagino que habría escrito algo como «Si hay dos formas de hacer algo y una de ellas no ensucia y otra sí, siempre se hará invariablemente del modo que ensucia». Y, mira, Murphy, chico… Si no tuviste hijos, no te atrevas a venir a darme lecciones de caos.

* * * *

Prometían ser dosieres largos, aburridos y sin sustancia, pero nada más lejos de la realidad. Algo largo, aburrido y sin sustancia es una película de Nicolas Cage. Esta mierda es como ir a que te taladren una muela con una broca del quince. Bueno, yo no sé de brocas, pero ya me entiendes: con una broca muy gorda. Una que cante ópera como un asno afónico.

Didier —mi gran hombre particular— tuvo «la amabilidad» de llevarse a los niños por ahí después de comer para que yo pudiera concentrarme mejor. Cuando me preguntó dónde estaban los zapatos del bebé, casi le lanzo el dosier de perspectiva de género a la cara. Pero preferí limitarme a sonreír, volver la vista al portátil y responderle, amablemente:

—Por alguna razón que no entiendo, Didier, están en el cajón de los zapatos del bebé.

Y de verdad que se lo dije muy amorosamente, porque la noche que hoy tenía preparada requería cero malos rollos y cariñitos en dosis importantes.

* * * *

Lo primero que dijo Dero cuando volvieron a casa a las seis fue que le dolía la cabeza.

—*Amore* —le dije—, tómate un paracetamol o algo, ¡que hoy tenemos fiesta!

Y me miró con cara de digno y me dijo:

—Mi cuerpo es un templo.

Podría haberme puesto sarcástica y decirle que se dejara de gilipolleces y se tomara el puto paracetamol, pero en lugar de eso, y en pos de mantener el aire caldeado, le sonreí con picardía y le dije:

—Pues ten *cuidao,* que hoy lo mismo te profano.

No debió pillarlo, porque no le hizo gracia y se fue con su cara de mustio a otra parte.

Todavía hice alguna tentativa de seguir con los cursos, pero con los niños excitados como estaban y revoloteando alrededor era imposible, así que cerré el portátil —y los dosieres, para protegerlos ante la inminente merienda— y aproveché el ratito con ellos antes de que llegara mi madre, a quien pedí que viniera a las ocho pero que vino a las siete. ¿Por qué? Pues qué sé yo, porque le dio la gana de venir justo a tiempo para poder verme pasear en bragas por casa mientras me preparaba y decirme oportunamente que «me maquillara mucho y me arreglara bien». A lo mejor pensaba que si no venía ella me daba por salir vestida con un saco de patatas, ve a saber.

Cuando a las ocho y media íbamos a salir por la puerta de casa, Dero tenía aún mala cara y el ceño permanente arrugado.

—¿Y si lo dejamos para otro día?

WHAT.

—¿Que qué?

—Me duele mucho la cabeza, Paz, no me apetece salir.

—Cari, porfa —dije, empezando a sentirme preocupada por el cariz que empezaba a cobrar la noche—, tómate un paracetamol o algo.

—Que no, que no quiero tomar nada.

—Joder, ¿y prefieres salir con la cabeza así?

—Nada, venga, a ver si me da el aire y se me pasa.

—¿Nos llevamos el paracetamol por si acaso?

—No, no lleves nada, que no lo voy a tomar.

Aun así, antes de salir, me metí el blíster en el bolso, bien escondido, justo al lado de las esposas.

Nada NADA iba a joderme el plan.

La cena en el Go Sushi estupenda. La conversación prácticamente nula porque Didier se empeñaba en poner esa cara de estar oliendo caca permanentemente que él pone cuando le duele la cabeza. Yo intentaba tener una conversación, él respondía con monosílabos.

—Así que ahora lo que hago es irme corriendo de la escuelita cuando cojo a Teo porque no quiero de ninguna manera tener que volver a cruzarme con Marisol. Esa mujer me da muy mal rollo, no me gusta.

—Ya.

—Y estoy un poco preocupada con lo que me pueda decir el pediatra el martes. ¿Y si me dice algo de la teta? A ver, con los otros nunca dijo nada, pero siempre cogieron peso, es decir, nunca perdieron. Estoy muy agobiada con el tema. ¿Últimamente no parece que todo el mundo está como empeñado en decirme que destete ya?

—*Sep.*

—Joder, creía que con el tercero esto ya estaría superado. Me tienen la cabeza aburrida. ¿Tú crees que tendríamos que empezar en serio a plantearnos destetar a Teo?

—Ya.

—Dero, ¿me estás escuchando?

—Sí.

—¿Y qué he dicho?

—Que Marisol te cae mal.

Menos mal que el ramen estaba riquísimo, porque la parte de la cena que correspondía a la conversación estaba siendo una mierda absoluta, y todo porque el tío cabezón se negó a tomarse un puto paracetamol antes de salir de casa.

Cuando nos trajeron el postre, Dero se apresuró a pedir la cuenta, como si tuviera prisa por irse.

—¿No quieres café? —le pregunté.

—No. Paz, ¿vamos para casa?

¡¡NONONONONONONONO!!

—Pero, Didier, que tengo plan sorpresa…

—Paz, me duele muchísimo la cabeza.

—Mira, toma —le dije, sacando el blíster de paracetamol del bolso y mirando con ansia las esposas aún escondidas—. Te los he traído. Tómate uno, anda.

—Paz, que no —me dijo muy tosco—. Que te dije que no los trajeras que no lo iba a tomar.

—Pero, Didier, para una vez que salimos…

—Paz, que me quiero ir a casa, joder, que me encuentro muy mal.

—Pero, Dero, mi sorpresa… —dije, ya suplicante.

—¿Qué era? ¿Cine? Joder, Paz, que me quiero ir. Ya iremos otro día.

Eché una mirada furtiva y desesperada a las esposas, que aún se veían asomar en el bolsillo interior de mi bolso.

—Sí —dije al fin—. Cine. Venga, vamos para casa.

En el coche, de vuelta, Dero apoyó la cabeza contra la ventanilla y cerró los ojos. Yo quería llorar de pura frustración, y cuando quise darme cuenta tenía las manos pálidas de tan fuerte que estaba agarrando el volante.

Ni esposas, ni noche loca, ni hotel, ni *spa*… Y encima he perdido los sesenta euros de la reserva.

Me cago en tu vida, Didier. Te odio.

Hicimos el camino de vuelta en absoluto silencio.

DOMINGO, 26 de enero

Podría ponerme en su lugar y comprender qué ha pasado desde el punto de vista de Didier. Es decir, según él, ¿qué pasó ayer? Pues se levantó como un sábado normal —después de no haber *follao* el viernes a pesar de tener ocasión—, hizo la comida, se llevó a los niños de paseo para que yo pudiera estudiar, salió a cenar sin ganas porque yo quería ir y al final del día me enfadé con él porque «no quiso ir al cine». Para variar, no tiene ni puta idea: yo me enfadé con él porque el tío cabezón echó a perder una noche que llevaba planeando toda la semana y nos hemos quedado sin ir a echar un polvazo, que buena falta nos hace, a un hotel de puta madre. Claro que él no sabe nada del hotel, pero eso no importa. ¿Tanto le costaba tomarse el puto paracetamol? Qué frustración, joder. **Qué cabreo.**

Me desperté a las diez. Teo empezó a balbucear, le di un codazo a Didier y le dije:

—Ocúpate tú.

Que, en realidad, Didier ya sabe interpretar perfectamente y quería decir: «Ocúpate tú y no me hables nunca más».

Me levanté, me fui a la cocina, me eché un café y me metí directa en los dosieres y el portátil. Y que el mundo se vaya a la mierda ya.

Cuando Dero empezó a hacer la comida se acercó a mí para hacerme un necesario recordatorio:

—¿Vas a venir a casa de mi madre?

Para ir a casa de tu madre tengo yo el día hoy, Didier. Anda y que te den por culo.

—No.

—Tiene muchas ganas de verte.

Le dices que me dolía la cabeza y me negué a tomarme un paracetamol porque soy una cabezona gilipollas.

—Tengo que terminar esto hoy, Didier.

—Vale. —Estaba sorprendentemente suave. Ojalá no lo hubiera estado, porque así es más difícil para mí mantener el cabreo—. ¿Qué hago con Teo? ¿Me lo llevo?

—¿Vas a tardar?

—No creo —me dijo, con algo parecido a cara de pena—. Estaremos una hora o así. Entre ir y volver ponte que sean dos.

—Pues llévatelo, sí.

Y ahí se fue mi familia al completo, después de comer, en dirección a casa de mi suegra, dejándome sola.

Me paré un momento a saborear la situación. ¿Cuánto hacía de la última vez que había estado completamente sola en casa? Desde antes de las vacaciones de Navidad. Wow. Escuché con atención. Oí pasar un coche por la calle, acelerando ligeramente. Esperé. Oí un clon seguido de un frusssssss amortiguado, como si a algún vecino cercano se le hubiera caído al suelo una canica grande. Ronin, dormido, suspiró a través de sus belfos enormes. Dentro de mi casa todo era silencio. Respiré hondo, y volví a meter la nariz en los dosieres. Aquello se me antojaba interminable y yo estaba hasta las narices ya. *A la mierda todo. Total, ¿quién va a mirar esto?* Leí en diagonal —de hecho, tan diagonal que de haber inclinado la línea un poco más habría sido una perfecta vertical— lo que me quedaba, me fui directa a los *links* de los test y los hice mirando directamente las respuestas en los dosieres. A tomar por culo. Estoy bastante convencida de que Vicente —que SEGURO que no ha tocado esto ni para ver el color de la portada— no va a venir a examinarme personalmente. Me lo quité de en medio en media hora. *Y ahora, ¿qué hago con la hora y media que tengo por delante solo para mí? Ah... Tanto por hacer y tan poco tiempo...*

Valoré ver una peli —en silencio y del tirón, un pequeño lujo— o irme a la cocina, sacar mi alijo secreto de chocolate de su escondite sobre la campana extractora y darme un homenaje. Pero al final me enfoqué en ese lugar que es centro de congregación masiva desde que soy madre: el cuarto de baño. Un baño caliente, largo y en silencio. Ni música ni nada: solo silencio y agua calentita.

Eché bien de jabón para que hiciera mucha espuma, llené la bañera y me metí dentro. En cuanto las burbujas me alcanzaron los pelillos de la nuca, se me erizó la piel de todo el cuerpo. Madre mía, qué placer de dioses. Cogí la alcachofa de la ducha y empecé a pasearla por el cuello y el pecho mientras la bañera terminaba de llenarse. Cerré los ojos y me di al placer del agua. El contraste del agua muy caliente sobre la fría piel que aún no estaba sumergida empezó a despertarme un cosquilleo. Seguí moviendo la alcachofa para dirigir el chorro por todo el cuerpo. De pronto, me di cuenta, me di MUCHA cuenta, de que estos días estoy en plena ovulación. *Seguramente de ahí viene la INMENSA frustración que me generó el plan fallido de ayer. Pero ahora estoy aquí, sola, y tengo un chorro de agua calentita de mi lado. No es la noche salvaje que había planeado. No es un superpolvazo con Didier. Pero a la mierda, yo no me aguanto más las ganas. Si un baño caliente es un placer de dioses, un chorro de agua manejado a tu antojo es un puto placer de diosas.*

Media hora después de haber entrado en el baño salí mucho más relajada. Y, lo mejor, es que aún podía asaltar el chocolate antes de que los demás volvieran.

∗ ∗ ∗ ∗

Dediqué la tarde a jugar a juegos de mesa con los niños. Bueno, jugué con Gabi y Maya e intenté que Teo no lanzara las piezas y tarjetas muy lejos —sin demasiado éxito— y que no se comiera los dados.

Pedimos *pizza* para cenar y se acostaron, más o menos, temprano. Cuando fui al salón a recoger todas las cosas que tengo que llevar mañana al trabajo, Dero se acercó a mí por la espalda y se inclinó sobre mí para abrazarme.

—Lo siento, cari.

Déjame en paz.

—¿Que sientes qué?

—Lo de ayer.

A buenas horas.

—Ya.

—Vamos al cine otro día.

—No íbamos a ir al cine, Didier. Había reservado habitación en un hotel.

Se irguió y puso cara de sorprendido.

—¿Y por qué no me lo dijiste?

—Se suponía que era una sorpresa.

—Jolín, pero si me lo hubieras dicho…

—Si te lo hubiera dicho, ¿qué? —pregunté, molesta—. ¿Me habrías hecho caso y te habrías tomado el puto paracetamol?

—Sí, o no, no sé, pero habría ido.

—Ah, claro, si es para follar entonces ya no nos duele la cabeza, ¿no? Si es para estar un rato conmigo viendo una peli, entonces no merece la pena «el esfuerzo».

—Joder, Paz, que no es eso y lo sabes.

—Además, Dero —seguí yo, sin escucharle—, que no. Que ir al hotel en ese plan que estabas tampoco era lo que quería, coño, que todavía parecía que me hacías un favor.

—Joder, Paz… Me encontraba muy mal, de verdad… Lo siento…

—Ya, sí.

Volvió a inclinarse y abrazarme, mientras me acariciaba la espalda.

—Oye… A lo mejor te lo puedo compensar… ¿Quieres?

—No, gracias. —Cerré la bolsa del trabajo y me di la vuelta para mirarlo de frente—. Ya me he compensado yo solita.

Confieso que sentí una punzada al hacerlo, pero ignoré su cara de decepción y me fui a la cama.

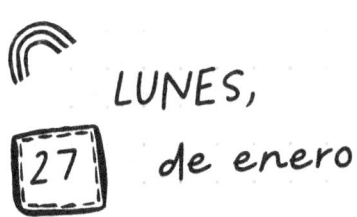

LUNES,

27 de enero

RAS, RAS, RAS, RAS, RAS, RAS.

Pa mí que el tinte este de princesa chicle me ha debido de dar alergia o algo, porque me pica un montón la cabeza.

—Buenos días, *amore* —me susurró Didier para no despertar a Teo.

Lunes. Yuju.

Esta semana Dero vuelve a estar de turno partido, lo que me deja a mí una semana más sola con los peques para casi todo. Si no fuera porque tengo que ir a trabajar, me quedaría remoloneando en la cama mientras él se ocupa de los desayunos y de llevarlos al colegio. Pero no, claro, tengo que ir a trabajar porque Vicente es un «moderno sin pasarse», y eso de dejarnos teletrabajando no lo ve porque, según la excusa oficial que da siempre que sale el tema:

—¿Qué harás cuando necesites imprimir pruebas y corregir sobre la marcha?

Aunque, como sabemos todos, lo que pasa es que no se fía de que trabajemos estando en casa. Qué coño: de mí tampoco se fía aunque me tenga delante de las narices, como se empeña en recordarme últimamente.

Ha sido una mañana de rutina: me tomé el café con la leche que les sobró a los niños, les di de comer a los cuadrúpedos, Maya ha decidido que ahora quiere llamarse Elsa, recogí ropa sucia del sofá que nadie reconoció como suya, pero que, dado que eran calzoncillos y tenían dinosaurios, dejaban poco margen para la duda… Pero, eso sí, al menos mi cepillo de dientes estaba cargado. Ya es un avance.

Cuando dejé a Teo en la escuelita le recordé a Carla que mañana tenía cita en el pediatra y que lo llevaría tarde.

Camino del trabajo, en el coche, pensé que, ya que no tenía nada que hacer esta tarde, podría volver a quedar con Vane mientras Gabi y Maya iban a patinaje. Al aparcar le envié un wasap.

> *Oye, puta gorda,*
> *esta tarde, si no estás muy ocupada*
> *follando mucho,*
> *te apetece tomar un vino?*

* * * *

Se ve que, a pesar de que nuestras mamparas son transparentes, no lo son lo bastante para Mari y Javi, que se levantaron para asomar sus naricitas a mi cubículo y contemplarme *in person*.

—Ya lo sé, ¿vale? —dije, anticipándome—. Ha sido un accidente.

Pero ni Mari ni Javi: la voz que se alzó sobre todo el ruido de la oficina fue la de Amelio, cómo no:

—¡Pero Paz! ¡¿Pero qué te has hecho?! —Hasta los de impresión se giraron para mirarme—. ¡¡Pero, hija, cómo has *dejao* que te hagan eso, chocho, si ahora entre las gafas y el pelo chicle pareces una pitonisa de AliExpress!!

Gracias por tu valiosa opinión, Amelio. La voy a guardar aquí en el cajón de cosas que me importan una puta mierda.

—Amelio, majo, ¿no tienes nada que hacer?

—Hija, tendrás contento a tu *marío*, ¿no?

—Ah, ¿pero que tengo que llevar el pelo como le guste a él? Qué torpe soy, que creí que la cabeza era mía, fíjate…

—Hija, Paz, es que no se te puede decir nada.

—Lo que no se me puede decir es siempre lo mismo, Amelio.

—*Tonto del culo, gilipollas, que me tienes harta*—. Anda, déjame que me concentre que tengo mucho lío.

A ver, las cosas como son: yo ya sé cómo me quedan las gafas viejas. También sé cómo me ha quedado el pelo rosa. Pero aún no me había mirado al espejo con el conjunto de ambas cosas. Así que, muy a mi pesar, y viendo que era incapaz de concentrarme en lo que tenía delante gracias al idiota de Amelio, saqué el móvil, abrí la cámara disimuladamente y contemplé la obra de arte que es ahora mi cabeza al completo.

Ay, diosmío... Tengo que poner solución a esto. RAS, RAS, RAS.

Justo en ese momento me entró un wasap de Vane.

> **Follar por la tarde es de pringaos**
>
> **Los profesionales lo hacemos a las siete de la mañana para ir a trabajar fresquitos**
>
> **Quedamos como el otro día?**
>
> > *Perfect*
> > *No llegues tarde, anda!*

—¡Paz!

Se me cayó el móvil del susto.

—¡Hola, Vicente!

—Qué cambiada estás, ¿no?

—Ya, sí…

Es pura audacia lo de este hombre.

—Bueno, a lo que iba —dijo, cortante, dejando claro que le importa un carajo mi vida privada—. ¿Has hecho los cursos ya?

—Sí, Vicente —dije, orgullosa por una vez de dar la respuesta correcta—. Los he terminado este fin de semana.

—Ah, estupendo. Así te puedes encargar de esto.

Y me soltó en plancha un libraco de quinientas páginas sobre mi mesa, haciendo saltar mis clips de colores por los aires.

¿Qué cojones es esto, Vicente?

—¿Qué es?

—La prueba de impresión de la novela de Burillo.

Santiago Burillo es uno de los jefes de departamento de la universidad, y también es —cómo no— amigo de copichuelas de aquí mi jefe. Y como profesor de arte medieval que es, se ha venido arriba y ha escrito una novela estilo *Los pilares de la tierra* que NO NECESITO LEER para saber que será un truño, porque Burillo es uno de los seres más aburridos que yo he conocido en mi vida. Es como si en vez de oxígeno tuviera diazepanes en las venas, como si escupiera una especie de anestésico mortal en su aliento cuando habla. Y, al parecer, «la universidad ha decidido» publicar esa novela porque será material complementario para, oh, sorpresa, la asignatura que imparte Burillo. Todo es mejor cuando todo queda en casa.

Miré el ferro de quinientas páginas sobre mi mesa bajo el que había aún algún clip moribundo. Podía mascar la tragedia que se acercaba.

—¿Y tengo que hacer algo con él?

—Corregirlo.

Lo sabía. Es tu amigo, pero su mierda de novela me la voy a comer yo.

—Pero ¿corregirla entera? ¿La ortografía y eso?

—No, no, Paz, tanto no… Un poco en general: imágenes, párrafos, márgenes… Todo lo que tenga que ver con el diseño. Y una lectura en diagonal, por si ves algo que te llame la atención. La ortografía doy por sentado que estará bien.

—Vicente… —aventuré, consciente de que nos estábamos metiendo en un fregado—, ¿y esto no tendría que hacerlo una editorial?

—La universidad nos lo ha encargado a nosotros.

Claro. «La Universidad». Pues muy bien.

—Ok —dije al fin, resignada al hecho de que soy una puta empleada y de que no tengo voz ni voto sobre lo que hago aquí.

—Para el viernes, ¿vale?

¡¿QUÉ?!

—¿Qué?

—Para el viernes.

—Vicente, no me da tiempo. ¿Qué hago? ¿Dejo todo lo demás para ponerme con esto?

—¿Tú no decías que aprovechabas a leer de la que venías a trabajar?

—Sí, claro, cuando venía en autobús. —*No te jode*—. Ahora vengo en coche. —*Y no puedo leer mientras conduzco, iluminao.*

—Ah, ya, cierto… Bueno —me dijo, sonriendo el muy cabrón—, seguro que encuentras tiempo.

Y se fue.

Pos muy bien, Vicente. Saldrá una mierda. Seguro que dejar no la dejaremos peor. Me cago en mi calavera, si lo sé hace los cursos tu padre.

* * * *

—Se ha dado un golpecito contra la mesa de los instrumentos.

Yo miraba el huevo morado en la frente de mi bebé, y miraba a Carla, y miraba el huevo, y a Carla otra vez. *¿Qué cojones*

115

entenderá esta mujer por «golpecito»? Ay, mi pobre bebé, seguro que ha llorado mucho, y me ha llamado, y yo no estaba...

—Tranquila, Paz, casi ni se enteró.

¡No me mientas, bruja!

—¿No lloró?

—Protestó un poco, pero ni siquiera me dejó cogerlo en brazos.

—Claro, porque él quería a su madre, maldita arpía robaniños—. Volvió a trepar a la mesa y siguió con el xilófono, tan tranquilo. De verdad que ni se enteró.

¡Mentira!

—Ah, vale —dije—. Pues entonces mejor.

Y cuando llegué al coche me eché a llorar, porque mi bebé se había hecho daño y yo no había estado ahí.

* * * *

—Te esfuerzas demasiado, Paz.

RAS, RAS, RAS.

Cierto es que Vane y yo tenemos conceptos muy diferentes de cuál es la justa medida del esfuerzo. Mientras que yo considero que, por ejemplo, vivir en un tercero sin ascensor es una ventaja porque te obliga a, por lo menos, subir escaleras a diario, ella considera que no hacer uso del ascensor solo por vivir en un primero es un desperdicio de medios. Vamos, que si la tía se relaja más estaría desparramada por los suelos, como una babosa derretida.

—Yo no lo creo, Vane. Jolín, que solo quiero echar un polvo en condiciones con Didier. ¿Tanto pido?

—No, no pides tanto, pero estás forzando la situación, tía. ¿Por qué no aprovechaste el viernes?

—Pues porque quería que el sábado nos cogiéramos con muchas ganas, que llevaba toda la semana preparándolo.

—Ah, claro, y que si folláis el viernes el sábado ya no os apetece, ¿no? Que follar dos días seguidos no es una posibilidad.

—No es eso, Vane, coño… O sí, qué sé yo. —Levanté mi copa y miré el fondo a través del vino traslúcido—. Ya me da igual. ¿Podemos cambiar de tema?

Bebí, preguntándome, en una escala de cero a diez, cómo de mal quedaba estar bebiendo con la mano derecha mientras tenía a mi bebé enganchado a la teta izquierda. Me quedé un rato mirando su chichón, que empezaba a tener los bordes verdes. Se me encogía el corazón. **Mi pobre bebé…**

—¡Ostras! ¿Y eso? —preguntó Vane con cara de… ¿Burla? Salí del chichón de Teo y solté el vino.

—¿El qué?

—¡Eso! —Y señaló mi brazo. Yo lo giré mirándolo, en busca de una mancha, un bicho o lo que fuera que había llamado tanto la atención de Vane. No veía nada.

—Jopetas, Vane, ¡¿qué?!

—¡ESTO! —Y me tocó el antebrazo.

—¿Qué? ¿Qué pasa?

—Tienes una raya.

—No tengo nada.

—Que sí, que sí. Que tienes ahí como una raya, como que te separa el brazo de la grasa que cuelga o algo. ¿Sabes lo que te digo? La típica que les sale a las señoras mayores.

¿PERO QUÉ ME CAGO EN MI VIDA ME ESTÁS CONTANDO, VANESSA MARÍA?

—**¿PERO QUÉ ME CAGO EN MI VIDA ME ESTÁS CONTANDO, VANESSA MARÍA?**

Ostras, ¿lo he dicho en voz alta?

—¡Síííí, tía! ¡Mi abuela los tenía así! —me dijo toda contenta—. Me acuerdo que cuando era pequeña y la iba a ver al pueblo me quedaba mirándole los brazos, cómo le temblaban cuando les echaba de comer a las gallinas.

—**PERO VAMOS A VER, VANESSA, ¡¿ME ESTÁS DICIENDO QUE TENGO LOS BRAZOS COMO TU ABUELA?!**

—Ay, hija, pero no te pongas así, que yo a mi abuela la quería muchísimo.

—Pero, Vanessa María, que tengo treinta y nueve años y me estás diciendo que tengo brazos de abuela. ¡¿Cómo coño quieres que me ponga?!

—Pues, hija, gritándome a mí no se te van a quitar. A ver, Paz, ¿cuánto hace que no vas al gimnasio?

—¿Pero tú te crees que yo tengo tiempo de ponerme a ir al gimnasio?

—Mira, eso es cuestión...

—¡**VANESSA**! ¡Como me digas que es cuestión de organizarme te estampo la cara contra la pared!

Como respuesta, Vane parpadeó aguantándose la risa, la muy cabrona, y bebió su vino imaginario de su copa vacía. Yo también bebí.

RAS, RAS, RAS.

—Bueno —dijo al fin—. Hacer un poco de deporte es mejor que no hacer deporte en absoluto. Yo solo lo digo.

—¿Podemos, por favor, dejar de hablar de mis brazos de abuela y volver a hablar de mi inexistente vida sexual?

—Ay, sí, mira. Lo de las esposas: estás superanticuada, Paz.

—Ya, eso ya me lo has dejado claro al compararme con tu abuela.

—Mimimí mimimí. —Y me hizo una peineta, la tía petarda. ¿Pero yo por qué soy amiga de esta elementa?—. En serio, mira, conozco un *sex shop* en mi barrio que te mueres con todo lo que tienen. Es brutal. ¿Cuándo te llevo que te voy a poner al día?

—No sé, Vane…

—A ver, mujer, que no te estoy diciendo que te vaya a llenar de cacharros, pero no sé… Algo de lencería llamativa, alguna cosita comestible… Vamos viendo.

Pensé que a lo mejor no era tan mala idea. Es decir, solo sería ir a echar un vistazo y quizá pillar alguna idea. *¿Qué podía perder?*

—Esta semana Dero está a turno partido, tengo bastante lío…

—¿Y el sábado?

—Mmm…

—Venga, Paz.

—Ok —dije, animada—. El sábado.

—¡Yuju!

Y con una amplia sonrisa, mi mejor amiga me robó mi copa, brindó al aire y se bebió mi vino.

MARTES,
(28) de enero

RAS, RAS, RAS, RAS, RAS.

—Elsa, arriba cariño. Elsa.

RAS, RAS, RAS, RAS.

—Gabi. Gabi, levanta.

RAS, RAS. Joder, qué picor.

Mientras desayunábamos, yo miraba a mis hijos y pensaba que había algo que no marchaba bien. Se movían más de lo habitual. Se tocaban la cabeza. Los notaba como ligeramente agitados. Pero, porque hay cosas que nunca cambian, preferí desoír a mis instintos que rendirme a la realidad. Hay veces que es mejor así. Como cuando pasan las Navidades y tú sabes que has cogido como tres o cuatro kilos, porque lo sabes porque tonta no eres y te aprietan hasta los zapatos, pero no te pesas porque mientras no lo veas en una báscula es como si no hubiera sucedido y finges no darte cuenta de que has engordado porque te has puesto como una cerda de turrón. Vaya, el «ojos que no ven, corazón que no siente» de toda la vida, pero en aplicación práctica.

RAS, RAS, RAS, RAS.

Pues así empecé yo hoy el día: negándome a mí misma lo evidente.

RAS, RAS, RAS.

Así que preparé los almuerzos como siempre, recogí ropa sucia y hasta puse una lavadora antes de darles un beso a ambos. Y también a

Dero, que me besó con las ganas que le pone a los besos de «estábamos enfadados pero ya no y siento mucho todo lo que ha pasado, aunque no sé muy bien qué ha pasado pero seguro que de alguna manera ha sido culpa mía», y yo le devolví uno de mis besos de «no pasa nada, Dero, te perdono» que es sutilmente diferente al beso de «Didier, quiero matarte, a ver si creces de una puta vez que me tienes hasta el coño». Muy sutilmente.

Volé para preparar a Teo y llegué al pediatra a las nueve y media en punto. Cuando a las diez aún no me habían llamado, le mandé un mensaje a Vicente para pedirle disculpas y avisarle de que me retrasaría más de lo previsto.

RAS, RAS.

Pues no vuelvas ya

¡Joder! ¿Me está despidiendo?

Que no vuelva?

Hoy ya no

Uf... Relájate, Paz, que te va a dar un pachungo.

**Si quieres aprovecha y ponte con la
novela de Burillo
La tienes?**

*Sí, sí,
me la traje ayer*

Pues ponte a ello

¿Lo ves, Vicente, como el teletrabajo existe, joder?

Ok, Vicente, gracias

A las diez y cuarto el pediatra nos dio paso.

—Buenos días. Perdón por el retraso, ¿eh? Hemos tenido una urgencia a primera hora y, nada, se nos ha liado la mañana entera.

—Nada, tranquilo, Ángel.

—Bueno, ¿y qué le pasa a este peque?

Madre mía, Ángel, no te enteras de nada.

—Nos mandaste venir tú para revisarle el peso.

RAS, RAS, RAS.

Ángel se puso las gafas y empezó a cacharrear en el ordenador, mirando el historial de Teo.

—Ah, sí, ya. Que nos había bajado de peso, ¿verdad?

—Eso parece sí.

—¿Y qué le ha pasado en la frente? —preguntó, mirando el todavía enorme huevo morado verdoso.

—Ah, esto… Ayer, un golpe en la escuelita.

—Vaya, por dios… Bueno, vamos a pesarlo a ver qué tal. Desvístelo.

Hacerle a Teo cualquier cosa dentro de la consulta del pediatra es el horror. En cuanto lo tocas, llora. Desvestirlo y pretender ponerlo en la báscula es, sencillamente, tortura para los oídos y para el alma. Yo, a estas alturas, sigo sin ser capaz de no llorar con él, y encima siento vergüenza cuando veo cómo me mira el pediatra. En una de las revisiones que no estaba nuestro pediatra de siempre nos atendió una sustituta más seca que el cogote de la malvada Bruja del Oeste, que cuando me vio con la lagrimita me dijo con total condescendencia:

—Ay, es que las primerizas sois…

Y cuando le dije que era el tercero me saltó con que «hija, pues háztelo mirar, que deberías estar acostumbrada ya». Que yo no sabía que el título de pediatría te convalidaba con psicología clínica, fíjate. No estoy nada al día.

Ángel pesó a Teo, comprobó sus tablas y torció el gesto. Mientras tanto, yo vestí a Teo y lo puse a la teta para que se calmara.

RAS, RAS, RAS, RAS.

Ángel seguía torciendo la cara. Se quitó las gafas.

—Bueno, Paz, mira. —Me enseñó las tablas y empezó a mover el boli por ellas—. Está perdiendo mucho peso, y entonces al quedarse el peso ya no estancado, sino que además baja, el percentil va cayendo en picado. A veces es normal que se estanquen o que bajen un poquito cuando empiezan a andar, pero es una pérdida de peso importante en estos meses… —Miró a Teo, que seguía enganchado a la teta—. ¿Le das mucho pecho aún?

—Pues no sé, Ángel. Lo normal, supongo. Le doy cuando pide.

—¿Cuántas veces al día?

—No sé, Ángel. No tengo ni idea. —Intenté calcularlo, pero estaba en blanco—. Cinco, tres, diez, no sé.

—Ya… —Le miró el chichón—. ¿Pero come otras cosas?

—Sí, sí. —Y pensé en las ingentes cantidades de comida que limpio a diario de suelo, mesa, paredes y mobiliario—. Bueno, no come mucho, pero va comiendo un poco de todo.

Ay, dios mío. No me he preocupado lo bastante de que coma bien, es eso. Esto es culpa mía. Soy una madre horrible. RAS, RAS, RAS.

—A ver, el niño parece que está bien. —Ángel miró a Teo con ternurita—. Si quieres podemos hacerle unos análisis para descartar cosas. —Me miró a mí—. Pero es posible que sea solo un caso de lo que llamamos «fallo de medro». —Volvió a mirar a Teo—. El fallo de medro cuando no hay patología suele darse sobre todo en niños, que, bueno —tosió—, se encuentran en una situación de abandono, que es obvio que no es vuestro c…

Y se calló. Y yo bajé la vista para mirar a mi bebé. Y lo vi. La realidad que me había negado a ver durante el desayuno apareció correteando junto a la oreja de mi bebé, en forma de piojo.

NO PUEDE SER.

Levanté la vista con cara de susto, no, de susto no, de pánico, y miré a Ángel. Que se rio en respuesta.

—Estamos en época. Has de mirarles la cabeza a los mayores, también.

Pero cómo puedes reírte, Ángel. Cómo puedes estar tan tranquilo teniendo ante ti un bebé desnutrido, abollado y piojoso. QUE TIENE UN HUEVO VERDE EN LA CARA. Ay, dios mío, me lo van a quitar. Me van a mandar a casa a los asuntos sociales a investigarme y se van a dar cuenta de que soy una madre terrible. Ay, lloro. No llores, Paz, no llores.

—Vale.

—Te decía que es obvio que el vuestro no es un caso de abandono, el niño está estupendo. Podemos hacerle, si quieres, unos análisis para descartar celiaquía o intolerancias y luego vamos viendo, pero yo estoy muy tranquilo. Estos casos así acaban resolviéndose por sí solos sin que sepamos muy bien cómo ni por qué.

¡¡¡¡ME VAN A QUITAR A MIS HIJOS!!!! ¡¡¡TODO ESTO ES CULPA MÍA!!! ¡¡AY, DIOSMÍO, QUÉ VOY A HACER!! ¡HUIR! Eso es: HUIR.

—Vale.

—Hacemos una cosa: ve pesándolo tú en casa si quieres estos días, a ver cómo sigue, y en un par de semanas o tres me llamas y vemos.

Voy a huir del país. Voy a coger los seiscientos euros que tengo ahorrados y empezar una nueva vida en Tailandia.

—Vale.

—Venga, pues quedamos así, ¿vale?

SOY UNA MADRE HORRIBLEEEEEEEEEEEE. NO MEREZCO VIVIIIIIIIIIIRRRRRR.

—Vale.

Salí de la consulta, con el bebé en la teta y las lágrimas a punto para explotar, y entonces un pensamiento, un *flashback,* acudió a mi mente de forma cristalina: el día del McAuto. ¿Cuándo fue? ¿El jueves? Llegué a casa derrotada y me fui a la cama con Teo. Le pedí a Dero que bañara a los niños. ¿Le recordé que les pusiera el antipiojos? Apreté el ceño, que como todo el mundo sabe es la herramienta definitiva para hacer memoria, y reviví la escena. Joder, no se lo dije. Y, si yo no se lo digo, él no se acuerda.

¡ME CAGO EN LA PUTA, DIDIER!

MIÉRCOLES,
29 de enero

Tres horas y media. Es el tiempo que se tarda en revisar, lavar y despiojar una cabeza adulta y tres cabezas infantiles, de las cuales una tiene una mata de pelo rizado que no la tiene el Cigala y otra es de un bebé que sale corriendo cada cuarenta y dos segundos.

Tres horas y media que, por supuesto, me comí yo, cuando volvimos a casa a las siete y media de la tarde, después de recoger a Maya en pintura. Y todavía Didier no entendía por qué le dije que podía irse a cenar mierda cuando llegó de trabajar. Pero lo peor no es eso: lo peor es que como yo no hice cena porque estaba ocupada matando parásitos, Didier pidió unas *pizzas* cuando llegó. Y entonces él fue el héroe que obsequió a sus hijos una *pizza* cuatro quesos y yo fui la pérfida institutriz que les dio tirones de pelo. Yo era el director del banco; él era Mary Poppins.

Esto me cabrea hasta el infinito. Y sé que no debería, es decir, debería estar contenta porque ya que los pobres tuvieron que pasar por una sesión de doloroso despioje, pues, oye, si se les puede hacer felices con una *pizza* debería estar contenta por ellos, ¿no? Pues no: estoy cabreada. Porque el negligente es él y la mala soy yo. A lo mejor me cabrea que estaba tan ofuscada que no se me ocurrió a mí pedir la puñetera *pizza*, no lo sé.

¡¡ARRRRGGGG!!

Y como mi cabreo mañanero no era suficiente, pues al ir a hacer pis me he parado a mirar mi monte de Venus, que ya no tiene el césped cortadito y necesita otra poda. Vamos, que vuelvo a tener el chirri peludo. *No me sale nada bien. ¡JODER!*

Esto no puede seguir así. Tengo que resetear. Urgentemente.

Resetea, Paz, resetea. A ver... ¿Qué tengo que hacer hoy? Hoy es miércoles... Gabi tiene cocina de cinco a seis y media. ¿Y si...?

—¡¡Mayaaa!! —grité, sentada aún en la taza del váter mientras hacía mi pis mañanero.

—¡¡Que me llamo Elsa, mamá!!

Pero si yo a esta niña la he visto salir de casa y olvidar ponerse los zapatos, ¿cómo puede acordarse de todos sus nombres?

—Perdona, perdona... ¡¡Elsaaa!!

—Quéééé.

—¡¡Veeen!!

Maya asomó la naricita por la puerta.

—Buaj, aquí huele fatal.

Gracias, cariñito mío...

—Oye —le dije—, ¿te apetece ver esta tarde a Lúa y Carmen?

—¡Sí!

—¡Guay! Pues luego llamo a sus mamás a ver si pueden quedar y vamos mientras Gabi está en cocina, ¿vale?

—¡Vale!

Lúa y Carmen son las hijas de mis amigas Ana y Nuria, y a mí me hacía falta terapia de grupo.

Venga, Paz. Ahora intenta acercarte con calma a Didier.

Me levanté y fui hacia Dero, con toda la intención de mostrar mi ánimo conciliador.

—¿Cuándo piensas arreglar la bisagra del armario de las mierdas?

Dero me miró con dos ojos duros como piedras.

—Cuando pueda.

—Pues no sé a qué coño estás esperando.

Y me fui.

Igual no me quedó muy fino el ánimo conciliador.

* * * *

Antes de ser un bar era una carnicería, y lleva abierto desde finales de los años ochenta, lo cual tiene un mérito increíble teniendo en cuenta que se llama La carnicería y su especialidad son los batidos. Pero es el sitio ideal, porque es un local recogido y cuqui, con una pequeña terraza decorada con jardineras en el patio, perfecto para que la niñez corretee y se vuelva loca y tú puedas tomarte algo tranquilamente, sabiendo que no van a salir a la carretera o que no va a aparecer un villano en furgoneta y te va a secuestrar a la progenie mientras estás despistada con tus cosas. Además, hacen unos batidos que te mueres.

—Creo que el problema soy yo —dije mientras mojaba mi barquillo de galleta en la montaña de nata montada que cubría mi batido de chocolate de medio litro.

—¿Y eso? —preguntó Ana posando su cerveza en la mesa.

—No sé, es que creo que últimamente estoy estresada de más. Estoy como, no sé, intentando controlarlo todo para poder hacer las cosas bien, y cuanto más lo intento, peor sale.

—Ya, pero, reina, es que esto es cosa de dos, no tiene por qué depender todo de ti.

—Buah, yo te entiendo perfectamente —comentó Nuria, removiendo su café con hielo.

—¿Sí?

—Sí, pero es que Juan es un inútil total, o sea, es que para freír un huevo pone la cocina llena de mierda de suelo a techo, y luego encima no limpia, así que para que haga las cosas mal prefiero quitarlo de en medio y hacerlas yo, que me da menos trabajo.

—Es que son como críos pequeños, de verdad.

—No estaba pensando en eso ahora —dije—. Nosotros con las cosas de casa al final es que nos apañamos como podemos con los horarios que tenemos. Hace las cosas el que puede hacerlas, no hay más misterio.

—Pues yo lo hago todo aunque no pueda, porque si dejo que lo haga Juan va a ser peor…

—Yo estoy hablando de follar, tías, que es que no puede ser. ¿Cómo es posible que cada vez lo hagamos menos? No lo entiendo. ¿A vosotras os pasa?

—Uy, claro —dijo Nuria—. Nosotros hemos estado hasta cuatro meses sin tocarnos.

—¿**CUATRO MESES**? —repitió Ana, regurgitando de pronto el trago de su cerveza.

—Sí, hija, sí. Cuatro meses.

—¿Y eso por qué? —quise saber.

—Pues porque no le soporto. Es un inútil, no se molesta en aprender a hacer nada ni en ayudar en nada. Se ha acomodado a que él trabaja y yo estoy en casa cuidando a Carmen y ocupándome de todo y, bueno, es que no os lo imagináis. Es que parezco su asistenta.

—Pareces su madre —añadió Ana con esa sutileza suya tan característica.

—Es que flipáis, tías. —A Nuria se le ponía cara de Maléfica por momentos—. Es que el tío llega de currar, se quita la ropa, la tira encima del sofá, ¡y se queda ahí! Y espero, y espero, y espero, y cuando me canso de esperar le digo que la recoja ¡¡y le parece mal!!

—Qué dices.

—Lo que oyes, Paz. Se hace un Cola Cao y deja la leche fuera de la nevera, la encimera llena de polvillo, el vaso sucio en el fregadero, ¡que ni agua le pone dentro!, para que cuando vaya yo detrás pueda dejarme las uñas rascando. Es con todo, toda la semana. Y no os lo perdáis, es que llega el fin de semana, ¿y vosotras creéis que le apetece hacer algo con Carmen y conmigo? Pues no, que el señor como lleva toda la semana trabajando que se quiere quedar en casa, pero no creáis que mirando para su hija, no: viendo la tele o viendo vídeos y mierdas en YouTube. Pero eso sí, ¿eh? Si lo llaman los amigos para ir a comer o a tomar algo al bar, vaya, le falta tiempo para salir corriendo por la puerta.

—Ana y yo nos miramos, sin saber muy bien qué decirle a aquella mujer en pleno desahogo, cuya cara iba pasando despacio de Maléfica a Charles Manson—. Y Carmen preguntándome que dónde está papá. O sea, es que me tiene hasta las narices, que hay días que no lo puedo ni mirar del asco que me da, como para follar con él estoy yo. Luego me pregunta que qué me pasa, se lo explico, y me dice que él ya «ayuda» en casa y que siempre le pongo la misma excusa, que cómo va a ser que no me apetezca follar porque él no limpie.

—Madre mía, ese tío es simple como el mecanismo de una peonza —dijo Ana, con una risa cargada de sorna.

—Esto… Nuria, ¿y por qué no lo mandas a la mierda ya?

—Pues porque le quiero, Paz. Y, además, si le dejo, ¿qué hago? ¿Adónde voy? Tengo cuarenta y dos años y hace ocho que no trabajo; desde que nació Carmen. ¿Adónde voy sin ingresos? ¿Y si le dan la custodia a él porque yo no tengo trabajo estable?

Nuria y Juan trabajaban en la misma empresa como técnicos de prevención de riesgos laborales. Empezaron prácticamente a la vez —Nuria un poco antes— y hacían el mismo trabajo, y cuando llevaban cinco años en la empresa, llámalo eficacia de Juan, llámalo casualidad, llámalo como quieras —pero no lo llames machismo «que eso no existe»— Nuria seguía en el mismo sitio encadenando contratos temporales, y Juan era fijo, lo habían ascendido dos veces, y ganaba bastante más al mes. Así que cuando hubo embarazo, por esto de que Juan, «casualmente», ganaba más que Nuria y era fijo, decidieron que Nuria se quedaría en casa para cuidar a Carmen. Pero no por seguir los roles de género ni nada de eso, ¿eh? Sencillamente, la circunstancia más favorable era esa. Y cuando Carmen empezó al colegio y Nuria quiso volver a trabajar, se encontró con que nadie quería contratar a una madre —de esas que siempre anteponen los hijos a la empresa, ¡qué barbaridad!— de casi cuarenta años que llevaba cuatro fuera del mercado laboral, y con que los pocos trabajos que sí le daban suponían tener que contratar a una persona que se ocupara de cuidar a Carmen, y que se llevaría casi la totalidad del sueldo de Nuria. Así que ella, graduada universitaria y gran profesional, siguió ejerciendo exclusivamente de esposa y madre —algo que ella nunca había querido—, y una cosa llevó a la otra y nos encontramos aquí, en este punto en el que ella está hasta el coño y Juan no entiende por qué no le apetece follar.

Madre mía, y yo creía que tenía problemas porque me han vuelto a crecer los pelos del chumino.

Hubo un pequeño silencio en el que cada una se ocupó de beber lo suyo y mirar distraídamente a las niñas, que jugaban a un juego de cartas entre las jardineras.

—¿Y tú qué? —le pregunté a Ana.

—¿Yo qué?

—¿A ti también te pasa que follas poco desde que eres madre?

—Antes sí, ahora ya no. Yo follo mogollón, casi todas las semanas.

—¿Ah, sí? —preguntó Nuria, riéndose.

—¿Y cuál es tu secreto? —pregunté yo.

—Me separé.

Intenté contener la carcajada, y se me salió el batido por la nariz.

—Vaya por dios —dije cuando recuperé el aire—. Yo que creía que el problema eran los niños, y al final va a ser Didier.

—Tú no te quejes, que por lo menos no le tienes que hacer de madre —dijo Nuria con un aire de resignación.

—Uy, calla, no me hables de ser su madre, que si os cuento lo que me pasó con una crema del Mercadona…

* * * *

Tengo la sensación de que decir esto puede que sea un poco ruin, pero lo cierto es que, después de que Nuria nos hablara de Juan, no pude evitar mirar a Didier con otros ojos durante la cena. Al fin y al cabo, vale que sea un poco desastre para algunas cosas, pero ¿quién no lo es? Realmente no se le da nada mal esto de ser padre, aunque no sepa el número de pie que gastan sus hijos.

Cuando los niños ya estaban dormidos, fui a sentarme junto a él en el sofá y posé mi pierna encima de sus rodillas. Él empezó a acariciarla distraído y me miró.

—Tienes cara de cansada.

—Tú también.

—Ha sido una tarde muy jodida. A Berto se le cayó un palé en el pie y se lo ha roto. Otro compañero lo llevó al hospital y quedamos dos para sacar el curro de los cuatro.

Joder. Y yo enfadándome con él porque olvidó el antipiojos, que le puede pasar a cualquiera… ¿Estaré ovulando aún? Porque de repente lo veo superguapo.

—Oye, *amore*… —dije, acariciándole el brazo suavemente con mi uña—. Y, en una escala de uno a diez, donde uno es «podría escalar una montaña» y diez es «me voy a dormir ya»… ¿Cómo de cansado estás?

—Mmm… Siete.

—¿Siete?

—Sí, siete.

—¿Qué es siete?

—Que puedo estar despierto, pero no me quedan fuerzas para oponer resistencia si alguien intenta hacerme algo —me dijo con su mejor sonrisa de zorro.

—Ah, no, ¿eh?

En un rápido movimiento —bueno, o lo que yo considero rápido, que reconozco que voy perdiendo agilidad—, me senté a horcajadas sobre él y empecé a besarle, mientras con la mano le acariciaba el cuello, justo tras la oreja, sintiendo con un solo gesto toda la musculatura desde su hombro hasta su nuca. Él me agarró fuerte por las caderas, luego me rodeó la cintura por completo con su brazo izquierdo, y empezó a deslizar su mano derecha, despacio, hacia arriba, hasta que me abarcó la espalda por completo y me apretó, empujando mi pecho hacia él.

Nos besamos intensamente. Joder, ¡qué ganas! Me quité la camiseta. Me sacó los pechos por encima del sujetador y empezó a acariciarlos y besarlos, muy despacio, como si estuviera disfrutando cada centímetro. Yo creí que me volvía loca. Y entonces…

—¡MAMÁÁÁÁÁÁÁÁÁ!

Y, a continuación, un llanto desconsolado. Teo se había despertado. Nos miramos con cara de espanto.

—Espérame aquí que a lo mejor se vuelve a dormir pronto —dije mientras me vestía deprisa.

Me fui corriendo a la cama, me tumbé junto a Teo y le enchufé la teta, confiando en que se durmiera rápido para volver al sofá con Dero.

Al cabo de un buen rato, pegué un brinco de repente y miré alrededor. No se veía llegar nada de luz desde el pasillo, Teo dormía panza arriba, yo tenía una teta fuera… Y Dero dormía en el otro lado de la cama. Tardé unos segundos en entender, para mí desolación, que yo me había quedado dormida antes que el bebé.

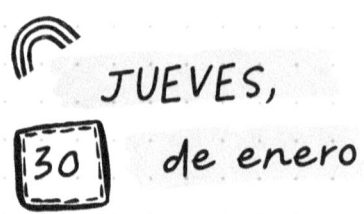

—¿Cómo vas con la novela, Paz?

Pues verás, Vicente, te vas a reír... ¿Sabes cuando el otro día llevé al niño al pediatra y me dijiste que me quedara en casa y aprovechara para ponerme a ello? Pues mira, ja, ja, ja, ja, ja, ja... Pues es que, como hacía un millón de años que no estaba yo un rato sola en casa, pues dije «voy a ver un capitulín de El Ministerio del Tiempo aquí en HBO» y, oye, que una cosa llevó a la otra y, mira, que cuando me quise dar cuenta era la hora de comer y llegó Didier con los niños y luego ya... Vamos, que todavía no he empezado.

—Muy bien, muy bien —tosí—, ya casi he terminado.

—¿Lo tendrás hoy?

¿¡WHAT?!

—¿No me habías dicho que era para mañana?

—Sí, pero como dices que estás terminando…

—Sí, sí… Es que me he dejado el ferro y todas las anotaciones en casa.

—¿Y qué lo harás, esta tarde? Porque mañana tiene que estar sí o sí.

Qué remedio...

—Sí, claro. Lo hago en casa, Vicente. Si total es ya muy poquito…

Hoy no podré ni dormir.

✳ ✳ ✳ ✳

Aproveché todo el tiempo que pude a mediodía, mientras Dero terminaba de hacer la comida y después de comer.

Cuando Dero salió de casa a las cuatro de la tarde, pensé —porque aún conservo algo de inocencia— que podría aprovechar bien el tiempo para seguir con ello las dos horas siguientes, antes de tener que salir con toda la prole hacia la clase de robótica de Gabi. Pero se hace difícil concentrarse en lo que tienes delante cuando cada dos minutos y medio tienes una interrupción.

«Mamá, voy a hacer caca».

«Mamá, ¿dónde está la purpurina?».

«*Tita, tita*».

«Mamá, Gabi me ha gritado».

«Mamá, Maya ha cogido mi estuche sin permiso».

«Mamá, ¡¡que Gabi no me llama Elsa!!».

«*Tata*».

«Mamá, la gata se ha cagado fuera del arenero».

«Mamá, ¿esto es moho?».

«Mamá, ¿puedo poner dibujos?».

«*Popa, popa*».

«Mamá, me pica un pie».

El momento álgido de la tarde, porque estas cosas siempre pasan cuando yo necesito estar concentrada —bueno, y cuando no lo necesito también pasan, pero me importa un poco menos—, llegó con el conflicto de la termodinámica de los Playmobil. Maya apareció llorando porque Gabi había cogido sus Playmobil de pegasos y amazonas y los había dejado al lado de un radiador encendido, y ahora los Playmobil estaban calientes y ella los quería fríos.

Dejé el ferro a un lado y le di un abrazo.

—¿Y qué podríamos hacer para solucionarlo, Elsa?

—No sé… ¿Meterlos en el congelador?

—Mmm… —*¿Por qué no?*—. Vale. Me parece una buena idea.

Maya se fue corriendo a su habitación, cogió sus Playmobil calentitos, los metió en un táper de *La patrulla canina* y me los trajo. Juntas los fuimos a meter en el congelador.

—Mamá, pero el táper déjalo abierto que si no, no se enfrían.

Aparté empanadillas, patatas y otros congelados «de emergencia» y guardé el táper, abierto, con un montón de Playmobil asados dentro. Me fui con Teo en brazos a ver qué le pasaba a Gabi, que estaba echado en su cama aguantándose las ganas de llorar, enfadado porque su hermana le había gritado y él le había hablado bien. Mientras hablaba con Gabi, Teo primero le dio un mamporro al perchero y lo tiró al suelo, y después agarró un tren de LEGO, lo lanzó al aire y, por alguna ley cósmica que escapa a mi entendimiento, del interior del tren salió volando un trozo de pera PODRIDA. *What the fuck.* Teo insistía en comérsela, pero dada mi poco razonable negativa a dejar que se comiera aquella fruta mágica, decidió empezar a llorar, con mocos en grandes cantidades, esparciéndolos estratégicamente en sábanas y paredes.

Cuando terminé de hablar con Gabi me sentía muy orgullosa de haber mantenido la calma y haberle ayudado a pensar estrategias para que lo que había pasado no volviera a suceder, mientras a la vez calmaba a Teo abrazándolo con cariño —después de todo, el pobre no entendía por qué no se podía comer una pera podrida—. Y entonces llegué al salón y Maya volvía a llorar, esta vez porque «ella le había hablado bien a Gabi y era él quien le había gritado». Y vuelta a empezar.

El resultado de todo esto fue que, cuando a las seis y media agarré a mi trío de ases y me dirigí a robótica, aún no había llegado ni a la página cincuenta, todo el mundo seguía enfadado, yo me sentía una inútil y nadie se acordaba ya de los Playmobil.

* * * *

En cuanto Dero llegó de trabajar, a eso de las diez y media, le pedí que se hiciera cargo de los niños para poder centrarme en la mierda de novela de Burillo, aguantándome las ganas de llorar de pura impotencia y frustración.

A las once y media de la noche, los niños, por fin, se durmieron, y Dero vino a hacerme compañía. Se me acercó por la espalda, me masajeó los hombros y me dio un besito en el cuello.

—Cari, los niños ya se han dormido…

No sigas por ahí, Dero, que no estoy para esto ahora.

—Ya.

—¿Y tienes mucho que hacer?

—Sí.

—¿Y no puedes parar un poco?

Me descubrió el hombro izquierdo y empezó a darme besos por el hombro y la espalda. En mi interior mi imaginación empezó a palpitar. Quería tirarlo todo al suelo como en las pelis, que me diera la vuelta y que me hiciera el amor allí sobre la mesa. Pero esa parte de mí, esa que quiere ser una adulta responsable que cuida su trabajo porque tiene que pagar una hipoteca y hacer locuras como llenar la nevera o ir con los niños al cine de vez en cuando, se impuso a la parte que quería fornicar como una guarra:

—No puedo, Dero. Me quedan más de trescientas páginas por revisar y lo tengo que llevar hecho mañana.

¡MALDITA SEAS, PAZ RESPONSABLE!

Me volvió a tapar el hombro.

—Vale. Me voy a dormir.

Puede que fueran imaginaciones mías, pero me dio la sensación de que se iba como enfadado. Puede que «solo» estuviera decepcionado. Al cabo de un rato lo oí salir del baño, y pensé que seguramente se habría masturbado. Me sentí culpable: si el martes no hubiera dedicado mi media mañana libre a ver la tele en solitario, ahora tendría menos que hacer y podría haberle dedicado un ratito a él. Esto debe ser eso del caos: si la mariposa ve la tele el martes, la mariposa no moja el jueves. Sí, es eso. Está visto que ver la tele y follar en la misma semana es pedir demasiado.

Mierda de vida, tete. Y mierda de novela, también. Menudo sopor.

VIERNES, {31} de enero

La última vez que miré el reloj anoche, mientras tenía la nariz metida en el trabajo, pasaban de largo las dos de la madrugada, así que nada más llegar al trabajo me fui directa a ver a Vicente, orgullosa con la mierda de novela de Burillo llena de notitas de colores por todas partes y con un dosier al ladito en el que había hecho varias anotaciones más, con correcciones y sugerencias varias. La posé sobre su mesa con una enorme sonrisa.

—¿Qué es esto?

Este tío es idiota.

—La novela de Burillo.

—Ah, muy bien.

¿«Ah, muy bien»? ¿Cómo «ah, muy bien»? ¡Dame una medalla o algo, malnacido! ¡Gazmoño! Ji, ji, ji, ji, gazmoño, qué preciosa palabra. La aprendí en El Ministerio del Tiempo.

—Llévasela a Paco a impresión que yo me tengo que ir.

—¿A Paco?

—Sí, se la llevas y ya sabe él lo que tiene que hacer.

—Ah, vale.

Ni me miró, el tío petardo. Hasta casi las tres de la madrugada haciendo esto, y ni me miró, ni un gracias, ni un café, ni *na* de *na*.

Me fui a la zona de impresión y, mira por dónde, Paco no estaba, que había salido «a una cosa urgente» —que yo aún no veo qué cosa urgente pueden tener en impresión, igual se les acabó la tinta azul o ve tú a saber—, pero que volvía en un rato, así que le dejé recado de que cuando llegara fuera a buscarme a mi mesa, que tenía que darle algo importante de parte de Vicente.

Me fui a mi mesa, encendí el ordenador, abrí el Illustrator y el WhatsApp y, cuando estaba empezando a mirar el correo electrónico, me llegó de repente un mensaje de Dero:

Amore

Creo que hoy no voy a poder ir a comer a casa :(

Por????

Porque tienen que llegar dos camiones EXTRAS para descargar
Vienen con retraso y estamos sin Berto

Jo...

Ya :(

Bueno, anda,
qué le vamos a hacer, te veo de noche
Ya llamo yo al colegio, vale?

Ok, amore, gracias

Nos vemos de noche :)

Llamé al colegio para avisar de que Gabi y Maya se quedarían a comedor. Mientras hablaba con el cole, vi en el WhatsApp del ordenador un mensaje de mi madre para decirme que por la tarde iba a preparar albóndigas y que si nos apetecía podíamos ir a por un táper. Terminé la conversación con el colegio y justo iba a contestar a mi madre cuando me entró otro mensaje de Dero.

Sabes lo que voy a hacer?

¿Vas a venir a comer a casa?

> Qué?

Te voy a comer despacio

Perdona, Dero, ¿que me vas a qué?

> Que qué?

Entera

Ay, madre.

Te voy a levantar la camiseta
Te voy desnudar entera
Y te voy a comer despacio

¿¿¿PERO A ESTE QUÉ LE HA DAO???

Casi me da un ataque de risa. ¿A qué venía mandarme aquello, si sabía que yo estaba currando? ¿Estamos tontos o qué?

> Ah, si?

Sí

> Y qué más vas a hacerme?

Te voy a acariciar
Y te voy a morder

Ji, ji, ji.

> Dónde?

En el cuello
Y los pezones

Me dio la risa floja.

PERO QUÉ ME ESTÁS DICIENDO, DIDIER...

Miré a mi alrededor a ver si alguien me estaba mirando, porque me sentí tan ruborizada de estar teniendo esa conversación surrealista allí, en aquel momento, que estaba convencida de que era evidente que alguien se habría dado cuenta de lo que hacía. Pero no: Javi y María estaban a lo suyo, y no había nadie más cerca.

**Y te voy a agarrar con ganas las nalgas
De ese culo perfecto que tienes**

Ay, dios.

> Y... Tú a mí me dejarás morderte
> también?

Puede...

> Qué puedo hacer para convencerte?

Dormir pronto a los niños? x'D

> XDDD
> Tantas ganas tienes?

**Te tengo unas ganas que te voy a
dislocar**

> Jajajajaja, creía que ayer te habías
> tocado

No

> Am...
> Y tú pretendes decirme ahora todo esto
> y dejarme con las ganas hasta por la
> noche?

Te lo voy a compensar

Ya…
Pues mira, hoy voy a depilarme algo
Si adivinas qué, te dejo que me lo
comas

El bigote

JAJAJAJAJAJAJA

**Te como y si quieres te dejo que lo
grabes**

*Me vas a dejar grabarte mientras te
comes mi bigote?*
xDDDD

Sí. Cómo va Teo? Lo pesaste?

Sí, igual

Ok

Y Gabi andaba un poco plof
porque a lo que hizo ayer en robótica se
le soltó la plaquita solar
y ahora no funciona

**Qué raro,
no me dijo nada**

Pues nada,
tendré que depilarme el bigote

**Te voy a comer entera, no imaginas el
calentón que tengo
Ve pensando algo sucio que quieras
pedirme,
algo que no me hayas pedido nunca**

*Hace mucho que no nos duchamos
juntos*

**Podría ser, pero algo que no me hayas
pedido nunca**

Creo que ya te lo he pedido todo, amore
xD

Pues sabes qué?

Qué

Que te voy a empotrar frente al espejo

Síííí,
me gusta el espejo

**Luego serán las tantas y estos sin
dormir xD**

Seguro xD
Pero ha sido bonito soñar

**No te preocupes,
que para comerte seguro que sacamos
cinco minutos**

A lo mejor te como yo a ti
No, no, no,
cómeme tú xD

Hoy te desmonto

Estos son los preliminares más raros de
mi vida
Nosotros y nuestro porno de andar por
casa xD

Mientras tengamos fuego

Oooohhh...

Mientras te tenga a ti 😊

Me tengas?

Sí
Eres de mi propiedad, nene, y lo sabes

144

> **Pues hoy te va a aplastar tu pecho peludo xDDDD**
>
> *JAAAAAAAAAAAJAJAJAJA*
>
> **Te voy a coger como un pulpo**
>
> *Más te vale hacerlo,*
> *porque lo tengo por escrito y pienso*
> *reclamar si no lo haces*
> *Ah! Mi madre, que nos va a hacer*
> *albóndigas*
> *Puedes pasar a buscarlas tú por la*
> *noche de la que salgas?*
>
> **Puff, qué pereza ir al centro**
>
> *Es que no sé si me voy a arreglar para ir*
> *yo...*
>
> **Tranquila, si no puedes cenar esto**

¡¡¡¡¡Y VA EL TÍO GILIPOLLAS Y ME MANDA UNA FOTO DE SU PENE!!!!!

Pegué un bote en la silla, miré con cara de susto alrededor, que es que yo ya me estaba imaginando a Vicente de pie detrás de mí a ver qué pollas hacía —de manera bastante literal—. Javi y María me miraron y yo entré en pánico. Me apetecía agarrar el monitor, arrancarlo del enchufe y lanzarlo lejos, a ocho mesas de distancia. Al final, mi cableado —el de mi cerebro en pleno colapso— dejó de chisporrotear y, en un rápido movimiento de mano, borré la foto. Con la casi, casi total seguridad de que nadie la había visto. Uf.

> *PERO, DERO, QUÉ HACES!!!!????*
> *QUE ESTOY EN EL PC DEL CURRO!!!*
> *QUE CASI TE VE EL NABO TODA LA*
> *OFICINA!!!!*

0.0
Joder, y yo qué sabía

> *Ay, dios, Didier, nunca mais*

Pero esta noche...?

> *Sí, sí, lo que tú quieras,*
> *pero ya está, se acabó la sesión porno*
> *de hoy*
> *Pasas tú a por las albóndigas?*

Si no hay mucho tráfico, voy. Si no, la
aviso y vamos mañana

> *Ok*
> *Ciao, amore*

Ciao

Ay, dios. Qué acaba de pasar aquí.

* * * *

Cuando llegué a casa con Teo, a mediodía, aproveché en cuanto se quedó dormido y me fui corriendo al baño. Tenía veinte minutos antes de ir a buscar a los mayores al colegio, para desde allí llevar a Maya a su clase de baile. Lo tenía todo calculado: tenía que moverme deprisa. En el baño, me desnudé y me metí en la ducha. Sabía con absoluta certeza que esto no iba a tener nada que ver con la suavidad de la cera, pero era una urgencia: tenía que tener el camino despejado para esta noche. Así que mojé una esponja, me embadurné el pubis de espuma y agarré una cuchilla de afeitar de Didier. Diez minutos más tarde salí de la ducha, sintiendo de nuevo cómo corría el frescor entre mis pelitos fantasma.

Mientras Maya estaba en su clase de baile, tuve la precaución de darme un paseo con Gabi hasta la librería de Rafa y de impedir, con todas las herramientas a mi alcance —consistentes, básicamente, en patatitas sabor jamón—, que Teo se quedara dormido en la mochila. La última vez que había usado esta estrategia no me había ido mal, y confiaba en que por la noche estuvieran lo bastante cansados como para dormirse a una hora más o menos razonable.

Y funcionó: los acosté a las nueve y media de la noche y les leí largo rato, teniendo la precaución de dejar el móvil silenciado por si a mi madre le daba por llamar por el tema de las albóndigas, no los fuera a despertar. Maya cayó enseguida, lo mismo que Teo. Gabi se resistió un poco más, pero aún no eran las diez y cuarto cuando se quedó también dormido. Dero debía estar a punto de llegar.

Me miré al espejo. Me había preparado al detalle: me había puesto un pantalón de pijama flojito, para que la goma no me dejara marca en la barriga; me había puesto una camiseta de tirantes que insinuaba sin apretar, y cuyo escote era lo bastante pronunciado como para que pudiera sacar el pecho por encima, que es un truquito mío para que las tetas me queden más levantadas y sexis; me lavé los dientes y me hice varios moños «despeinados y casuales» hasta que di con uno que me favorecía, de esos que te hacen el cuello largo y apetecible. Me senté en el sofá a esperar.

Las diez y media. Las once menos cuarto.

¿Dónde coño está Didier? Aunque haya pasado por casa de mi madre, ya tendría que estar aquí.

Las once menos diez. Cogí el móvil para llamarlo. Tenía dos llamadas perdidas suyas, que no había oído porque había olvidado que tenía el móvil silenciado. Le llamé.

—*Amore*, ¿qué ha pasado?

—Todavía estoy en la nave.

—¿Qué? ¡¿Por qué?!

—Porque uno de los camiones tuvo avería y aún no ha llegado. Tenemos que quedarnos hasta que llegue.

—¡Joder!

—Ya.

—¿Y no lo pueden descargar mañana o qué?

—No, porque lo que trae este lo tienen que sacar a reparto mañana a primera hora, tiene que estar ya descargado y clasificado.

—Joder…

—Lo siento, *amore*. No sé lo que voy a tardar…

—¿Qué hago? —pregunté, rozando la desesperación—. ¿Te espero?

—No sé, cari. Como quieras… Pero esto va para largo.

No me lo puedo creer.

—No me lo puedo creer.

—Ya. Ya lo sé.

—Vale, amor. Qué le vamos a hacer. ¿Puedo hacer algo?

—Sí: ¿puedes llamar tú a tu madre y avisarla de que no voy a pasar a por las albóndigas?

SÁBADO, 1 de febrero

Me viene a la memoria la primera peli de *Men in Black*, esa en la que una cucaracha espacial gigante se pone de traje la piel de un granjero y va por ahí caminando como si no tuviera rodillas. Pues yo esta mañana, camino del *sex shop* con la Vane, iba un poco parecido: en lugar de dar gráciles pasos —o pasos normales, aunque fuera— iba andando como si mi idea de «andar» fuera concatenar espasmos en el culo.

—¿Pero qué te pasa?

—Ayer me depilé el chumi.

Vane me miró como si le hubiera respondido que albóndigas con patatas.

—¿Y eso qué tiene que ver para que vayas andando como si…? —Y entonces cayó en la cuenta—. ¡Ahh!

—Sí.

—¿Con cuchilla, no?

—Sí.

Y la muy guarra va y se ríe.

—¿Y por qué no te hiciste la cera?

Porque no tengo tiempo, Vane. Porque tengo tres criaturas y un trabajo y una nula capacidad de organización combinada con una capacidad de improvisación tirando a regular.

—Porque me gusta sufrir, Vanessa. Me encanta ir por la vida caminando mientras disimulo los picores.

—Pues, hija… Disimular no es lo tuyo. Parece que llevas las caderas pegadas con chicle.

Gracias por tanto, Vane.

Cuando llegamos a la puerta me quedé un rato mirando el cartel. Vane iba por el escaparate de aquí para allá, señalándome esto y aquello —un delantal sugerente, algunas herramientas curiosas— e insistiendo en que «aquí tienen lo más *light*, dentro tienen mucho más». Yo miraba el cartel. Porque es cierto que no soy experta en *marketing*, pero vamos a ver, Pili, lo mismo llamar a un *sex shop* de barrio Ingrediente Secreto no es la mejor de las ideas. Y menos en este barrio, que la media de edad igual ronda los setenta años, que me estoy imaginando ya a un montón de señoras como mi madre despistadas pensando que es una tienda de repostería o algo… Y de pronto la idea de ver a mi madre removiendo la masa de los buñuelos con un dildo me pareció aterradora, a la par que tronchante. Una combinación inquietante y difícil de describir. Una suerte de Pennywise en monociclo.

—Bueno, qué —me dijo Vane—. ¿Entramos?

—Vamos.

Cuando Vane me había dicho que «eso de las esposas está ya muy pasado» y que «tenía que ponerme al día», yo me había preguntado qué podría haber cambiado tanto como para tener que «ponerme al día». Como si el sexo no fuera el mismo sexo de siempre. Pero viendo el paisaje que se abría frente a mí, me di cuenta de que Vane debía tener razón, porque quitando las cosas típicas que se ven en las despedidas de soltera, como las pajitas-pito, las pajitas-tetas y alguna cosa más, no tenía ni idea de qué era todo aquel colorido festín cochino que tenía delante.

Yo estaba como una niña pequeña, todo el rato «¿qué es esto, Vane?, ¿qué es esto, Vane?, ¿qué es esto, Vane?», y Vane todo el rato explicándome: «Eso es para estimular el clítoris, Paz»; «Eso es para masajear el periné, Paz»; «Eso es la caja registradora, Paz, no la toques que nos echan».

—A ver —me dijo en un punto la Vane, toda seria sosteniendo un «pequeño» pene de silicona en la mano—. ¿Tú crees que Didier estaría receptivo a un masaje de próstata?

Se me escapó una carcajada, como un niño que se ríe porque oye a un adulto decir una palabrota. La gente de la tienda —incluidas la dependienta y Vane— me miraron como si fuera gilipollas.

—Hombre, Vane, no lo descarto, pero yo creo que podemos empezar por algo un poco más… accesible. Ya sabes. Algo sutil.

—Vale, pues mira, coge esto. —Y me dio unos sobrecitos parecidos a los de comida húmeda de Gatalina, que tenían frutitas dibujadas—. Esto son geles de frío/calor. Son comestibles y de sabores.

—Suena bien.

—Son divertidísimos, ya verás. Y lo mejor es q…, Paz, ¿qué haces?

—Nada.

—Paz, ¿estás leyendo la lista de ingredientes del gel?

—No.

—Paz.

—Puede.

Vane me miró con esa superioridad condescendiente, como miraría a su abuela si la viera intentar encender la tele apretando los botones del móvil. ¿Desde cuándo Vane sabe más que yo de la vida?

—¡Bueno, jolín! —contesté, muy digna yo—. Es la costumbre, ¿vale? Tengo tres niños, intento no meter mierdas en casa.

—Paz, mira… Punto número uno: tranquila que esto no tiene aceite de palma. Y punto número dos: esto NO es para que se lo coman los niños.

—Qué me vas a contar… No hay quien les haga comer fruta…

Salimos de la sección de frutería y nos fuimos a una parte de la tienda que estaba llena de ropa. De lejos, parecía que todo eran disfraces y fetiches, pero un vistazo más cercano reveló una sección de lencería sugerente que incluía algunas piezas que hasta yo me atrevería a ponerme.

—Mira, ¿ves? —me dijo Vane, descolgando una percha que lucía lo que parecía una película de humo rojo reconvertido a camisón con MILES de pequeños volantitos—. Te pones algo así y fijo que Didier lo flipa.

—Vamos, que lo flipa te lo aseguro, Vane, pero no sé si en el sentido que busco.

—Bueno, podemos buscar algo más de tu estilo.

—¿Pijamas de Pikachu no hay?

Otra vez la mirada de la nieta condescendiente.

—No, Paz —dijo suspirando—, no hay pijamas de Pikachu. Ni bragas de Homer Simpson. Ni nada que se le parezca. Mira, este —dijo, descolgando otra percha— es cien por cien tú.

Y, para mi sorpresa, tenía razón: era una especie de pijama sexi supersencillo, de pantalón corto y camiseta de tirantes, gris y con un bordado rosa en las perneras y en el escote de pico.

—Oye, pues me gusta un montón. ¿Dónde me lo puedo probar?

—No puedes.

—¿Cómo que no? ¿No puedo probarme un pijama?

—Técnicamente no es un pijama, es ropa interior, ¿ves? —Y me enseñó el invento por dentro, que en efecto tenía costura de braguita en lo que yo creía que era un pantalón y soporte para el pecho en la parte de arriba—. No puedes probarlo, pero vamos —me puso la percha delante y cerró un ojo, como calculando cómo se veía aquello sobre mis carnes lustrosas—, que este seguro que te queda de lujo.

Cogí una cestita de una torre y metí dentro el pijama-no-pijama y los sobres de comida para gatos.

—Yo creo que con esto por hoy ya voy servida, Vane.

—¿Nada más? ¿No quieres mirar un vibrador o algo? Mira —añadió, señalando un estante—, yo tengo uno como ese morado y mola mucho. Oye, ¿Satisfyer tienes ya, no?

—Con esto hoy ya voy bien, Vane, en serio.

—Vale, yo voy a coger para mí vibrador líquido, que lo compré el otro día pero creo que no me lo puse bien.

—Perdona, Vane —carraspeé para oír mejor—, ¿que vas a coger qué?

—Vibrador líquido.

—¡¿Qué?!

—Vibrador líquido, Paz, que pareces boba. ¿No sabes lo que es?

Como mi cara debía ser la misma que si me hubiera explicado una complejísima fórmula de física cuántica, Vane se dio por respondida y siguió:

—Uy, Paz, esto es una maravilla. Mira, es un gel que te lo pones en el chumi y después de un rato empieza a darte como… ¿Cómo te lo explico? ¡Como tener Peta Zetas en el coño!

WHAT.

En ese preciso momento la realidad se quebró a mi alrededor. El siglo XXI me abstrajo de mi ser, agarró mi conciencia como si fuera una pelota y la lanzó lejos, a algún lugar inhóspito, desconocido y solitario; como si hubiera despertado de repente en otro planeta. Sí, un planeta en el que la humanidad había evolucionado en una infinita exponencial, y yo lo estaba mirando todo con mis ojos de imbécil nacida en los años ochenta, cuando lo más de lo más eran las hombreras de Tino Casal.

—Pero, tía, ¿qué me estás contando?

Vane pasó de mí y se fue hacia la dependienta, a preguntarle cómo se ponía aquello para que «funcionara bien», mientras yo seguía intentando adivinar el mecanismo de funcionamiento de aquellas chispas mágicas. La dependienta le dio una breve explicación, y la invitó a pasar a un probador y ponerse un poco. Yo flipaba mucho, porque yo no me podía probar un pijama, pero Vane iba a ponerse Peta Zetas en el chirri como quien prueba un perfume. Entró en el probador, salió, pagamos todo y nos fuimos de Ingrediente Secreto.

—¿Te apetece que vayamos a comer por ahí?

—No puedo, Vane. Les dije a los peques que volvería para comer y que luego veríamos una peli juntos.

Cuando mis hijos preciosos me habían visto salir de casa a las diez y media de la mañana me habían puesto morritos, porque no querían que me fuera, así que les prometí que por la tarde veríamos una peli, la que ellos quisieran, y así pasaríamos un ratito relajado juntos. Aceptaron contentos y siguieron viendo *Pepa Pig* sin problema, pero yo ya me fui de casa sintiéndome culpable. *Soy una madre horrible, me voy a comprar cochinerías en lugar de quedarme en casa con mis hijos. Maldición.*

—Bueno, ¿y unas cañas?

—Venga, va. Una cañita sí que puedo.

Y ahí nos fuimos, mi amiga y yo, aunque ahora caminando ambas como si no tuviéramos rodillas y lleváramos las caderas pegadas con chicle o, en el caso de Vane, con Peta Zetas.

Mientras nos tomábamos las cañas, Vane, como quien no quiere la cosa, me volvió a sacar el tema del gimnasio a la par que deslizaba una tarjeta sobre la mesa, como si me estuviera pasando droga o un sobre con un soborno.

—Mira, Paz, he pedido una invitación para ti.

—Vane, que te he dicho que no tengo tiempo.

—Bueno, mujer, ¡pero esto vale para todo el año! Mira, es una invitación de socia. Presentas esta tarjeta y te hacen un pase para un mes gratis, y puedes acceder a todo: a la sala, a las clases, al *spa*…

—¿Tienen *spa*?

—Bueno, supongo que lo llaman *spa* porque llamarlo «piscina con chorritos» ocupaba mucho en el panfleto.

—No sé, Vane, es que no lo voy a usar.

—Pues si no lo usas, no lo usas. Pero si un día te apetece probar, pues ya está, lo tienes ahí.

Cogí la tarjeta.

—Vale. La guardo. —Brindé con mi caña al aire—. Gracias, Vanessa María, por esta sutil manera tuya de llamarme cuerpo escombro.

—De nada —me dijo la muy guarra, sonriendo.

—Tía, qué bajón… —añadí, con mi mejor cara de penita dramatizada.

—¿Por?

—Yo creía que estaba más enterada de todas estas cosas —dije mirando la bolsa del *sex shop*—. Con lo moderna que me creía por haberme descubierto la vulva en un espejito a los catorce años, y mírame ahora, que no sabía que habían reinventado los Peta Zetas.

—Bueno —me dijo Vane con un aire de nostalgia—, tú me regalaste mi primer espejito. Y me enseñaste a depilarme. ¿Te acuerdas?

—Sí. Y si llego a saber que te ibas a convertir en esto te iba a dar el espejo Rita.

—¿Esto? ¿Cómo que en «esto»? —preguntó, gesticulando mucho y haciéndose la ofendida—. ¿Qué es «esto»?

—Una pervertida que anda por ahí con Peta Zetas en el coño.

Vane juntó las palmas de sus manos e hizo una solemne reverencia.

—La pupila ha superado a la maestra.

—No te flipes, Vane, no te flipes. —Reí—. Pero gracias por el *tour*. Ha sido muy instructivo.

—De nada, Paz —me dijo mi mejor amiga comiéndose una aceituna—. Ya me contarás qué tal.

* * * *

Probablemente, cuando uno piensa en las películas de *Harry Potter* —especialmente en las primeras— no piensa, así *a priori,* que sean de miedo. Pero se ve que los centauros son lo suficientemente feos como para provocarle pesadillas a una niña de seis años, porque cuando terminamos de ver la peli, Maya se abrazó a mí y no quiso despegarse más en todo el día hasta que nos sentamos a cenar.

—Mamá, por favor, déjame dormir contigo que tengo mucho miedo.

—Maya, que no existen los centauros y, además, son buenos.

—¿Y si no existen por qué dices que son buenos?

—Bueno, vale, que no existen, Maya.

—Me llamo Lluvia.

—¿Te llamas Lluvia?

—Sí.

—¿Desde cuándo?

—Desde hoy.

—Ah. Vale.

—Y antes tampoco me llamaba Maya.

—¿Y cómo te llamabas antes?

—Mmm… No me acuerdo.

—De acuerdo, Lluvia. Tranquila que los centauros no existen.

—Pero tengo miedo.

—¿De qué?

—De los hombres lobo.

—Maya —intervino Gabi—, si en esta peli ni siquiera salen hombres lobo…

—¡Que me llamo Lluvia!

—¿Bueno y qué más da?

—¡Mamáááááá! ¡Que Gabi no me llama Lluvia!

Y un trozo de la estupenda tortilla de patata que Dero había hecho para cenar cruzó volando el salón y aterrizó en la televisión. Todos nos giramos a mirar a Teo, que se partía de risa con un tenedor sospechosamente vacío en la mano.

—Vale, Lluvia. Tranquila, que puedes dormir conmigo si eso te hace sentir mejor, ¿vale?

—¿Y yo también puedo?

Todos miramos a Gabi.

—¿Qué? —dijo él, como si tal cosa.

—¿Tú también tienes miedo? —pregunté.

—Sí, a los zombis.

Todos nos reímos.

—¿Y salen zombis en *Harry Potter*?

—No, pero me dan miedo. ¿Qué pasa? ¿Yo no puedo tener miedo o qué?

Miré a Dero, que los miraba a ellos y después a mí con cara de resignación.

—Vale, pues nada —dijo al fin—. Tranquilos, que yo me iré a dormir con Ronin, que ronca menos que mamá.

Gabi se rio tan fuerte que se le cayó el trozo de tortilla de la boca.

—Entre Teo y tú lo estáis haciendo polvo, ¿eh? —le dije, riendo—. A ver luego quién va a limpiar todo esto.

Cuando nos fuimos a la cama, allí rodeada de pequeñas cabecitas a punto de dormir, Maya reparó en la bolsa de colores nada discreta de Ingrediente Secreto que yo había escondido rápidamente para que Didier no la viera, pero que asomaba un poco por la puerta del armario.

—Mamá, ¿qué es eso?

—Nada, una cosa que fui a comprar esta mañana.

—¿Y qué es? —quiso saber Gabi.

—Pues eso es... —*Mi plan frustrado de esta noche*—. Comida para gatos.

DOMINGO, 2 de febrero

Diez de la noche.

Ciao, puttigrossa
Qué tal ayer?

> *Ayer nada*

Nada?

> *Nada de nada*

Y eso?

> *Varias cosas*
> *Zombis, hombres lobo… Un lío*

What?

> *Nada, los peques,*
> *que vimos una peli y luego tenían*
> *miedo*

A saber qué mierdas les pondrás a tus
hijos
Pa que luego tengan miedo

> *Vimos Harry Potter*

…
En Harry Potter salen zombis?

> *Sí, varias veces, en grandes cantidades*

Bueno, yo ya me creo cualquier cosa

Y haces bien

Y hoy?

Hoy qué?

Que si hoy habéis estrenado
O estrenaréis algo 3:)

Pues me da que no, Vane

Joder, tampoco?

Tampoco :(

Por?

Pues verás, para empezar esta mañana
me probé el pijama
Me queda fatal

Qué dices, Paz?
Cómo te va a quedar fatal?
Si está hecho para ti

Que no, Vane, que no,
que no me veo
Parezco un cochinillo atao
Tía, me salen lorzas por debajo de los
sobacos!
Como si tuviera cuatro tetas!
Tetas, Vane, en los sobacos!

Jajajajajaja, seguro que no es para
tanto
Exagerá

Que no, Vane, que me veo fatal...
Que el conjunto es precioso y te lo
agradezco, pero...

Bueno, pero aún te quedan los geles

Esos ya te digo yo que tampoco los
estrenamos hoy,
no me apetece nada

Porque no te quieres poner el pijama?

Mi suegra

Tu suegra no se quiere poner el pijama?

No, que hoy hemos ido a ver a mi
suegra

Menos mal, a tu suegra no le quedaría
bien el pijama

Deja ya el pijama, Vanessa!

Vale, vale
Qué ha pasado?

Lo de siempre cuando vamos a casa de
mi suegra
Dos horas de ese machaque de
trabajada sutileza
lo bastante disimulado como para que
Dero no se entere,
pero no lo bastante como para que no
me entere yo

No te sigo

Dos horas de escuchar que lo hago todo
mal
Que si el mayor es un antisocial y es por
mi culpa
Que si la mediana es una consentida,
que qué tontería es esa de que había
que llamarla Lluvia
Que si el pequeño está delgadísimo
Que a ver si le quito ya la teta que es
nada más que vicio
y lo estoy matando de hambre
Y de repente va la señora y arruga la
nariz y dice,

«A qué huele?», y ahí salta Maya: «Es el antipiojos!
Es que cogimos piojos en el cole!»
Imagínate la cara de la señora

JAJAJAJAJAJAJAJAJAJA

Pero que no te rías, Vane!

Es que tu hija es muy top, ahí, haciendo daño

Pues mi suegra se puso a despotricar,
que si es que hay que estar más pendientes,
que, claro, la niña con esa melena
que no se la hemos cortado nunca,
porque se lo consiento —yo, eh?— todo
Dijo Didier: «Sí, me olvidé de echarles el antipiojos
un día y ¡pum! Los pillaron»
Y qué crees que hizo su madre?
Pues la culpa mía también, no me digas cómo,
primero dijo que «un despiste lo tiene cualquiera»
y luego soltó que «es que los hombres no sirven para estas cosas»,
que de eso «tiene que estar la madre pendiente»,
y yo pensando, SEÑORAAAAAAA,
QUE SU HIJO ES UN ADULTO FUNCIONAAAAAAL,
pero nada, muy mal, Vane,
que estoy hasta el pirri

**Pero y qué tiene que ver que tu suegra sea como es
la buena mujer xD para que tú no quieras estrenar los geles**

Yo qué sé, Vane
Pues que no me apetece,
que vengo sintiéndome como la mierda,
y encima me jode que Dero no se entere
de nada,
que me gustaría que diera un poco la
cara por mí
Y ya está

Bueno, pues nada
Otro día

Sí, otro día
Ahora te dejo,
que tengo que ir a lavar dos cabezas
con antipiojos

Y por qué no lo hace Dero?

Porque esto es cosa de mujeres

Que qué?

Es broma, hombre,
está durmiendo a Teo

Tienes a tu marido durmiendo al bebé?
Anda que como se entere tu suegra…

Vane

Ya, ya, que me vaya a la mierda

Eso mismo

LUNES,
3 de febrero

¡MIERDA, MIERDA, MIERDA, MIERDA, MIERDA!

Dero de mañanas, me toca llevar a los mayores al colegio. Y me he quedado dormida. Dero salió de casa a las siete de la mañana y me dio un besito del hombre muerto antes de irse, como siempre, momento en que se supone que yo debo levantarme y empezar a movilizar al personal. Pero justo en ese momento Teo se revolvió y me pidió teta, quise darle un poco para que se volviera a dormir y así yo poder hacer las cosas con más agilidad y... La que se volvió a dormir fui yo. Cuando volví a abrir los ojos me levanté de la cama como si me hubieran metido una descarga eléctrica, con el consiguiente susto para el bebé, que empezó a llorar.

Las ocho y media de la mañana. *¡LAS OCHO Y MEDIA DE LA MAÑANA, JODER!* Con un bebé llorando a grito *pelao* en brazos fui corriendo a despertar a los mayores.

Tranquila, Paz, tú no grites. Mantén la calma que los niños no tienen culpa de que tú te hayas quedado dormida.

—¡¡¡ARRIBA, ARRIBA, ARRIBA, ARRIBA, VAMOS QUE ES TARDÍSIMO, ARRIBA!!!

Ostras, Paz, empiezas fatal. No grites más. Vamos que tú puedes.

—Mamá, ¿me ayudas a vestirme?

—NO, MAYA, COÑO, NO TE AYUDO QUE ES MUY TARDE, VÍSTETE YA.

¡Joder, Paz, que no grites!

—Solo cinco minutos más…

—GABI, ME CAGO EN TODO QUE TE LEVANTES Y TE VISTAS QUE NOS VAMOS.

De puta madre, Paz.

Me limpié los espumarajos de madre rabiosa de la boca y me fui a vestir al bebé, que aún lloraba porque quería teta. Pero no había tiempo para teta. Lo dejé, vestido y llorando, en el salón, sentado delante de una galleta.

—Maya, ¿estás ya vestida?

Silencio.

—¡MAYA! ¡QUE SI YA TE HAS VESTIDO!

Silencio.

Me asomé a su habitación. Mi hija mediana estaba sentada en el borde de su cama con cara de pena y seguía en bragas.

Paz, respira, no grites. No quieres gritar.

—ME CAGO EN TODO MAYA, ¡QUE ES TARDE! —*Paz, te estás coronando, tranquilízate*—. ¡¿POR QUÉ NO ESTÁS VESTIDA?! *QUE TE CALMEEEEEEES.*

—Es que no me sé poner los pantalones…

Ahora no se sabe poner los pantalones. Me cago en mi vida. No le hables mal, Paz, que la niña no tiene culpa de que sea tarde. Ayúdala y no le hables mal.

—¿Ahora no te sabes poner los pantalones? A ver, qué pasa aquí.

Cogí los pantalones que había sobre la cama, a su lado. Miré a mi hija con una más que evidente cara de mosqueo.

—Maya —me miró—, estos pantalones son de Teo. Cómo narices te los quieres poner.

Mi mediana puso cara de pícara despistada, sonriendo de medio lado y entrecerrando sus ojitos oscuros.

—Ops. —Rio, encogiendo los hombros.

Para mis adentros, respiré despacio.

Mírala, si es que no puede ser más mona. Y tú aquí gritando como una loca. No se lo merece, Paz, no lo vuelvas a hacer.

—¡VENGA, VÍSTETE YA, QUE ES TARDÍSIMO!

Joder, Paz, joder.

—Mamá…

—¡¿QUÉ?!

—Que me llamo Lluvia…

RES-PI-RA, PAZ.

De alguna manera, no sé bien cómo, conseguí salir de casa con tres niños razonablemente limpios y bien vestidos a las nueve menos cinco, aunque nadie se lavó los dientes, los mayores fueron desayunando en el coche, Teo se había ensuciado con la galleta y yo no habría podido asegurar si Maya se había puesto bragas. Pero bien, bien, todo bien.

Los mayores solo llegaron quince minutos tarde, a Teo lo dejé después y yo llegué al trabajo a tiempo de sentarme en mi mesa diez minutos antes de que el propio Vicente hiciera acto de presencia. Se acercó a mi mesa con la espalda muy estirada y una muy prominente cara de lunes.

—Paz, me dice Paco que no le diste el ferro.

Buenos días a ti también, Vicente.

—Eeehh… Bueno, es que cuando fui a dárselo no estaba y se suponía que iba a venir él a buscarlo a mi mesa cuando volviera. Pero no vino, no —dije sin darle importancia al tema, mirando el ferro junto a mi cajita de clips—, lo tengo aquí todavía.

—No era responsabilidad de Paco, te lo pedí a ti. No podemos tener los trabajos atrasados porque tú no hagas lo tuyo, Paz.

Joder, ya estamos otra vez. Diosa, Vicente, qué ganas de mandarte a la mierda.

—Lo siento mucho, Vicente, la verdad es que confié en que vendría él y me despreocupé…

—Ya, pues no lo vuelvas a hacer. No tienen por qué estar pendientes los demás de lo tuyo, Paz, esto ya lo hemos hablado.

Vete a tomar por culo, Vicente, cabrón, que tampoco es mi trabajo leer las novelas de mierda de tus amiguitos y, mira, aquí estamos.

—Vale. Intentaré que no vuelva a pasar.

—Eso ya lo he oído antes, Paz. A ver si es verdad que no vuelve a pasar.

Vicente se fue hacia su mesa. Yo me quedé preguntándome a qué distancia tendría que estar él como máximo para que el golpe de una grapadora voladora pudiera resultar letal. Se dio la vuelta de repente y me pilló mirándolo. Crucé los dedos para que no pudiera leerme la mente, aunque sospecho que el bote que pegué en la silla cuando se volvió delató que yo no estaba pensando nada bueno.

—¿A qué esperas? *—¿Para lanzarte la grapadora?—.* ¡Venga! Llévale el ferro a Paco que está esperando.

—Voy, voy. —Agarré el ferro y el dosier de notas y me levanté —. Se lo llevo ya mismo.

Me fui a impresión con ese frasco de somníferos de quinientas páginas que Vicente tiene la desfachatez de llamar novela bajo el brazo, en busca de Paco. En cuanto me vio aparecer por el fondo de su pasillo le comentó algo a Amelio, que estaba a su lado, y los dos se empezaron a reír.

¿Qué está pasando aquí?

—Toma, Paco —le dije, dándole el ferro—. La novela de Burillo.

—Gracias, Paz —me respondió, todavía riéndose—. Qué bien que hoy no estés tan ocupada.

—¿Qué?

—No, que como el viernes no me la trajiste, digo yo que sería porque estabas muy ocupada…

A Amelio se le escapó una risa malvada.

¿Pero qué pasa aquí? ¿Es el día del imbécil hoy o qué?

—Estaba igual de ocupada que siempre. Vine a buscarte y me dijeron que te pasaban el recado, que ya ibas tú a buscarlo.

—Sí, sí… Ja, ja, ja, ja… Y fui, pero como te vi tan liada pues… No te quise interrumpir.

¿Pero qué dice este tío? ¿Qué hice yo el viernes? Si me fui directa a mi mesa y encendí… Oh, oh… Ay, dios mío, no me gusta nada la vía que está tomando esto…

Empecé a notar una corriente eléctrica subiéndome por los brazos y la garganta y haciéndome temblar los labios.

—Paco —dije, intentando aparentar una dignidad que se me iba por momentos—, ¿hay algo que quieras decirme?

—No, Paz, nada en absoluto —y se le volvió a escapar la risa. *Ay, dios*—. Que, oye, yo entiendo que si tu marido no te satisface —*ay, dios*—, pues tengas que aprovechar para tener conversaciones guarras en el curro —a Amelio se le escapó una carcajada. Me dio otro calambre. *¡AY, DIOS!* —, pero vete al baño o algo, que a los demás no nos interesa verles el miembro a tus amigos.

¡AY, DIOS MÍO! MIRA, PEDAZO DE GILIPOLLAS, NO TIENES NI PUTA IDEA DE LO QUE ESTÁS HABLANDO Y,

ADEMÁS, NO ES ASUNTO TUYO, IMBÉCIL, QUE ES QUE PARECE QUE EN ESTA EMPRESA HABÉIS SALIDO TODOS DEL MISMO HUEVO. VETE A TOMAR POR CULO, PACO. TÚ Y AMELIO. Y VICENTE. Ay, madre, ¿se lo habrá dicho a Vicente? ¡¿Se lo habrá dicho a Vicente?!

Otro calambre.

—Gracias por el ferro, Paz —me dijo, dándose la vuelta—. Que te aproveche la mañana, ¿eh?

Y me quedé ahí, de pie, en silencio, viendo cómo Paco y Amelio iban partiéndose el culo mientras toda mi vida laboral pasaba por delante de mis ojos. Y, francamente, menuda mierda de película.

* * * *

Cuando llegué a casa con los tres niños, derrotada por una mañana de mierda, aunque, lo reconozco, ligeramente reconfortada después de haber comprobado que Maya sí que se había puesto las bragas, Dero estaba en la cocina preparando la comida.

—¿Te ayudo, cari? —pregunté, sentando a Teo en la trona.

—No, *amore*, tranquila. Ya está casi —se giró para darme un beso, pero se paró a mirarme la cara—. ¿Qué te pasa?

Que he tenido una mañana de mierda, Didier. Que me he dormido, los niños salieron a medio lavar, llegaron tarde, desayunaron en el puto coche y encima el gilipollas de Paco te ha visto el rabo, Didier, joder. Quiero que me trague la puta tierra.

—Nada.

—¿Y esa cara?

—Estoy cansada.

—Eso es la edad.

Gracias, amore. Eso era justo lo que necesitaba oír en este momento.

—Voy al baño —dije, saliendo de la cocina con los pies y el alma a rastras.

Cerré la puerta y el pestillo despacito para no hacer ruido, porque el sonido del pestillo cerrándose es una llamada a que los niños vengan a picarte a la puerta para decirte que tienen que hacer caca o que necesitan tu ayuda para algo muy urgente y vital como, qué sé yo, saber si «esto» que tiene «aquí» el perro es un moco o una legaña.

Apoyé los codos en el lavabo y la frente en las manos. Respiré hondo y me froté los ojos. Levanté despacio la vista y examiné mi imagen en el espejo.

¿Qué te ha pasado, Paz? ¿Era esto lo que querías? ¿Era así como te lo imaginabas? ¿Era esto...? Espera, ¿qué coño es eso?

Me acerqué más al espejo y me miré el entrecejo.

¿Qué coño es eso? ¡¿Qué son esas arrugas?! Esto no estaba aquí ayer, estoy segura.

—¡Paaaaaaaz!

—¿Quéééé?

—¿Quieres que fría unas patataaaas?

—¡Valeeeee!

Me incorporé y me miré los brazos en el espejo, buscando esa línea que me había dicho Vane en el antebrazo, la que le recordaba a su abuela. Sabía que me iba a doler, pero aun así lo hice: estiré el brazo y lo meneé, dejando que ese pellejo que hay donde debería haber un tríceps se meneara como una bolsa de gelatina.

Creo que si lo dejo descolgarse un par de centímetros más podría usar los brazos para planear, como las ardillas voladoras.

—¡Paaaaaz!

—¿Quééééé?

—No quedan naturaleeeeees, tienen que ser congeladaaaaaaaaas.

Tengo problemas más importantes, Didier. Me dan igual las patatas.

—Valeeeeee.

Me levanté la camiseta y me miré la barriga en el espejo. Ahí, como cuatro o cinco dedos por debajo del ombligo, está ese pliegue de piel en forma de sonrisa que me mira desafiante para recordarme que de aquí han salido tres niños y que, en vez de ponerme las pilas, me he dedicado a hacer el vago y comer lo que me ha apetecido. No sé en qué estaba pensando cuando me compré el pijama el otro día. ¿Cómo coño pretendía meter ahí esta escombrera a la que llamo cuerpo?

Y entonces pensé en Vane y la tarjeta que me dio para el gimnasio. Puede que fuera la determinación, puede que fueran las ganas que tenía de darle a Paco una patada en la oreja y dejarlo tonto; no sé qué fue, pero algo me llevó a tomar una decisión.

Puedo aprovechar la semana que Didier está de mañanas, pedirle a mi madre que cuide a Teo los lunes mientras los otros van a patinaje, más algún fin de semana... Sí. Puedo hacerlo. Me voy a apuntar al gimnasio.

—¡Paaaaaz!

Joder.

—¡¡¿Quééééé?!!

—¡¿Por qué hay un táper con Playmobil en el congelador?!

¡Oh, mierda! ¡Los Playmobil!

MARTES, 4 de febrero

Las carcajadas de Didier cuando le dije que me iba a apuntar al gimnasio las he metido en el cofre de los motivos por los que algún día lo mandaré a la mierda, junto a su incapacidad para cerrar cajones y/o armarios y los pelos que deja en la esponja cuando le da por depilarse los huevos.

Pero no hagamos sangre de eso, ahora: ahora lo importante es que él se ha ocupado de los niños esta tarde y yo pude ir sola a apuntarme al gimnasio y después a comprar ropa deportiva, porque tengo toda la intención de empezar mañana mismo y no tenía absolutamente nada que pudiera ponerme, más que nada porque lo que antes usaba de chándal lo llevo usando de pijama desde que nació Teo y, bueno... De cara a que me vean con eso puesto en público, los agujeros-trampa no me preocupan tanto como las manchas misteriosas.

En el gimnasio me atendió una chica majísima que recogió mi invitación, se apuntó todos mis datos en un formulario y luego me mandó con un chico, majísimo también, que me enseñó las instalaciones, incluido el *spa* que, como había dicho Vane, era solo una piscina con chorritos. Como una bañera de hidromasaje de un millón de litros.

—Bueno, aunque seas invitada —me dijo el chico majo de los bíceps espectaculares y la sonrisa perfecta. *Joder, ¿por qué tienes una sonrisa perfecta? Esto no es justo. Espero que al menos seas idiota para compensar—*, la primera semana tienes entrenador personal incluido para hacerte un plan de entrenamiento y algunas recomendaciones nutricionales. ¿Cuál es tu objetivo?

¿Mi objetivo? ¿No me ves? Quiero parecer una mujer, no un manatí verrugoso.

—Pues no sé, hacer un poquito de mantenimiento, supongo.

—¿Quieres perder peso?

Joder, ¿pero tú no me ves? Pues claro que sí: quiero perder peso y carnes y arrugas a poder ser y que me quede bien el puto pijama sexi de Ingrediente Secreto.

—Nah, no es mi prioridad. Lo que quiero es estar sana.

Pero qué puta mentirosa eres, Paz.

—Ah, muy bien. ¿Y cuántas veces planeas venir?

—Pues cuando pueda…

—A ver, lo mejor es que te pongas una meta realista, no exagerada para no quemarte rápido, pero que puedas mantener de forma constante y estable.

—Es que, ¿sabes qué pasa? Tengo tres hijos, y trabajo y… Bueno, pues es que no es fácil.

—¿Te apunto dos días a la semana?

¿Has oído algo de lo que te he dicho, muchacho?

—Eh… Es que no sé si voy a poder.

—Venga, te apunto dos. —*No me oye, no*—. Ya verás, es cuestión de organizarse.

Ah, pues sí. Sí que es idiota. Chaval, tú y yo nos vamos a llevar fatal.

En mis planes iniciales estaba ir al Decathlon a comprarme ropa deportiva «de verdad», de esa que te la pones y ya nada más estrenarla parece que has perdido dos kilos de lo bonita que te queda. Pero, claro, no nos quedaban patatas, que es el vegetal estrella en mi casa porque, si no fuera por ellas, tendría que mentirle al pediatra cuando me pregunta si los niños comen verdura. Así que tuve que tirar del plan B e irme a comprarlo todo al Carrefour. Sí. Así es como lo hacemos las Maris: nos compramos el chándal en el mismo sitio que las patatas. Empiezas así y cuando te quieres dar cuenta estás yendo a comprar el pan en zapatillas y diciendo que música buena era lo que escuchábamos antes.

Lo mejor de comprarte ropa en una superficie en la que también puedes comprar una nevera es que las tallas de ropa van a su rollo y, lo reconozco, me hizo mucha ilusión comprobar que mi talla era la M. Sobre todo porque esos malnacidos de la última tienda de ropa «joven» en la que entré —creo que antes de quedarme embarazada de Teo— hacen pantalones XL que no me pasan de los muslos. Pero, mira, aquí me entraba una M. Así a lo tonto ya he bajado dos tallas. Y todavía ni he empezado.

Como me sentía muy venida arriba con mi plan de entrenar, bajar peso y recuperar la figura que tenía antes de tener tres criaturillas, fui escogiendo inconscientemente ropa que reflejaba mi emoción interior. Así que me compré dos pantalones cortos, ambos con un estampado así como muy psicodélico, uno en azul y otro en morado. Y también un par de sujetadores deportivos —porque bragas deportivas no hacen falta, ¿no?—, y unas camisetas de esas cruzadas que yo les he visto a algunas por ahí que son geniales, así como muy caídas, con los tirantes enormes para que se te vea la tira del sujetador por el costado, que queda megasexi.

Me fui con mi compra superfeliz, me subí al coche, arranqué, salí del *parking*. Y dos minutos después di la vuelta porque me había olvidado de comprar las patatas.

* * * *

Cuando llegué a casa con la compra, Dero y los niños aún no habían vuelto. Así que metí las patatas en el armario de la cocina, la ropa en el de mi dormitorio —en el que aún tenía secretamente escondida la bolsa del *sex shop*, esperando el momento oportuno para enseñarle a Dero lo que había comprado el sábado— y pensé rápido qué podía hacer con los ¿cuarenta minutos? de libertad que tenía por delante, antes de que por la puerta entrara la hecatombe que es mi familia.

Y si una cosa he aprendido desde que soy madre es que en estas situaciones, hagas lo que hagas, da igual lo que sea, mejor ponte a ello rápido, porque si pierdes el tiempo decidiendo al final llegarán todos y no habrás hecho nada.

Así que lo tuve claro: iba a compensar el momento Mari de chándal y patatas en el mismo sitio con un momento *Pretty Woman:* copita de vino y a la bañera con ello. Cierto es que no me imagino a Julia Roberts haciéndose la espuma del baño con un champú infantil del Mercadona con olor a plátano. Cierto. Pero es que es el que saca más burbujas y, además, a mí los plátanos me gustan.

Ahí me metí, con mi copita de vino y mis burbujas aplatanadas en un baño calentito. Estuve tentada de salir a poner música, pero no: tengo suficiente experiencia como para saber que si salía de ahí llena de jabón en ese momento volverían todos o llamaría un mensajero de Amazon o ve tú a saber qué, así que nada, yo en la bañera, solita. Con mi vino, mis burbujas y canturreando una canción.

Los minutos pasaron en silencio. La vibración de mi voz al canturrear me relajaba sobremanera. El vino frío bajando por mi garganta me reconfortaba y, por alguna razón, me hacía sentir muy sexi y sofisticada. Como si dibujara la imagen de mí que a mí me gusta pensar que ven los demás. Respiré profundo y empecé a pasear las yemas de los dedos por los hombros.

¿Y si...?

Estaba tan relajada y tan contenta por la ropa nueva que me apetecía darme un poco de amor propio. Pero me lo pensé mejor, porque Dero iba a llevar a Gabi y a Teo al parque mientras Maya estaba en pintura y todo prometía que los niños se dormirían pronto, así que tal vez sería mejor reservarme las ganas hasta por la noche.

Cogí la alcachofa de la ducha y la miré con pena:

—Entiéndelo —le dije—. No eres tú, soy yo. Hay otra persona.

Y la posé en el fondo de la bañera. Un par de minutos después oí a mi tropa entrar por la puerta de casa y a su padre gritarles que se quitaran los zapatos. Se acabó la calma. Estiré el brazo sobre la cabeza y palpé con los dedos por el estante hasta que encontré mi esponja. La cogí, la llevé frente a mí y me puse de mala leche.

—¡DIDIEEEEEEEEER!

Dero se acercó al baño, entreabrió la puerta y asomó la cabeza.

—Dime.

Levanté la esponja como prueba irrefutable de un terrible acto criminal.

—¿HAS USADO MI ESPONJA PARA DEPILARTE LOS HUEVOS?

* * * *

Cuidar a un niño con un nivel de éxito aceptable es razonablemente fácil. Solo hay que cumplir tres sencillas normas:

1.No exponerlos a la luz del sol sin crema protectora.

2.No mojarles la cabeza sin poner antipiojos.

3.No darles de comer azúcar después de la media tarde.

Si mi gata supiera leer, podría perfectamente dejarle hecha la lista y ella sola criaría a los niños.

Cuando, casi a las doce de la noche, mis dos hijos mayores saltaban por sus camas y discutían fuertemente por los derechos de propiedad sobre la lámpara de gatito, y mi bebé recorría el pasillo de un extremo a otro, una, y otra, y otra vez, a toda pastilla sobre su triciclo, me vi en la obligación de girarme en el sofá, mirar a su padre con cara de pocos amigos y preguntarle:

—Dero, ¿les has dado azúcar para merendar?

—Define azúcar.

—Didier…

—Define merendar.

—Vete a la mierda, Didier. ¿Qué les has dado?

Didier resopló.

—Un gofre.

—¿Y?

—Donuts.

—¿Y?

—Batidos.

—Joder, Didier.

—Ya, Paz, lo siento mucho. Ya no me acordaba de cómo se ponían. Lluvia me puso carita de pena y… Me vas a matar.

—¿Por qué? ¡¿Qué más has hecho?!

—No, no es eso, es que son casi las doce y mañana madrugo un montón… Me tengo que ir a la cama.

—¿Me estás diciendo que me vas a dejar aquí con el marrón de calmar a estos tres?

¿Y para esto me aguanto yo las ganas de tocarme?

—Lo sé, Paz, lo siento.

—Vale, nada, vete.

Dero me dio un beso en la mejilla y se levantó para irse.

—Dero.

—Dime.

Te odio.

—Recuérdame que nunca te regale un gremlin.

MIÉRCOLES, 5 de febrero

Admito que desde el encuentro del otro día con Paco estoy preocupada. Porque es cierto que no creo que él le haya contado —o le vaya a contar— a Vicente el pequeño incidente con el WhatsApp y el pene de mi marido, pero es evidente que sí se lo ha contado a Amelio, y Amelio, además de gilipollas, es amigo (o sobrino, o mascota, lo que sea) de Vicente.

Como sea, llevo desde primera hora del lunes rehuyendo a Vicente, y a mis treinta y nueve años ya no solo puedo decir que me da miedo la oscuridad: ahora también puedo decir que me da miedo mi jefe. Y de ahí mi grito cuando me atacó por la espalda en la máquina del café.

—¡AAAAAAAAAAAAAAHHHHHH!

Y adiós a mi *cappuccino* de avellana, que se derramó sobre mis vaqueros.

—A ver, Paz, perdona —me dijo mientras yo intentaba disimular que tenía quemaduras de segundo grado en los muslos—. No quería asustarte.

—Tranquilo, Vicente, je, je —respondí, frotándome las piernas porque, al parecer, es buena idea ejercer fricción en una zona quemada—. ¿Qué puedo hacer por ti?

—Tú que eres la que más fresco lo tiene, ¿había algo de edición de vídeo en los cursos que hiciste ahora en enero, no?

—Eh… —Hice memoria rápido, porque, bueno, como al final los cursos los había hecho un poco *freestyle* pues no estaba muy segura de lo que había leído y lo que no, pero, claro, eso Vicente no podía notarlo—. Sí, algo sí que había, sí… —dije al fin, sin estar en absoluto segura de ello.

—Estupendo, pues entonces ven que te tengo que encargar una cosa.

Acompañé a Vicente a su mesa, con mis ganas de café intactas y mis pantalones apestando a avellana.

—A ver, tenemos a los del Papalote, que les llevamos la cuenta desde hace mucho tiempo, que van a dar cursos de cocina mexicana y quieren sacar un anuncio en la televisión local.

—Ajá.

—Entonces, como tú acabas de hacer el curso de lo de la perspectiva de género y esto es de cocina y tal…

Y se quedó ahí callado.

—¿Sí? —le animé.

—Bueno, pues que para que no quede muy… Ya sabes… Que no se note que esto es más cosa de mujeres.

¿«Más cosa de mujeres»? Madre mía, Vicente. A veces no sabe una de qué siglo has salido tú.

Y de repente imaginarme a Vicente mirando el sobre de Peta Zetas para el coño hizo que tuviera que contener una carcajada que disfracé de displicente sonrisa.

—Pues he pensado que podías hacerlo tú —remató él.

Espera, ¿qué?

—¿Hacer yo el qué?

—El vídeo.

—¿Vídeo?

—Sí, para la televisión. ¿No te apetece?

—No es que no me apetezca, Vicente, claro, no… Pero es que no soy editora de vídeo, para eso hay profesionales cualificados.

—Sí, pero en otras empresas. Y la cuenta del Papalote la llevamos nosotros.

Joder, Vicente, ¿primero una novela y ahora un anuncio? Nos van a caer paquetes por intrusismo por todos lados.

—Vicente, es que yo no sé si voy a saber…

—¡Bueno, mujer! —Y me dio una palmadita en el hombro, el muy capullo—. Si total es para la tele local, no es como si fuera a salir en La 1. Cualquier cosilla estará bien. Aunque a ver lo que haces con ese nombre porque madre mía.

—¿Qué le pasa al nombre?

—Que tiene muy mala rima, ja, ja, ja.

Sí, seguro que has salido del mismo huevo que los otros dos idiotas.

—Papalote significa mariposa en lengua indígena.

—¿Cómo lo sabes?

—Porque me lo dijo Fernanda, la dueña. Esta cuenta la hice yo.

—Ah. Bien, bueno. Pues entonces todos contentos. Para el lunes, ¿vale? Ponte con ello.

No tengo ganas ya ni de replicarte, Vicente…

—Muy bien, Vicente. Para el lunes.

* * * *

—Joder, Dero… —protesté mientras comíamos los cinco o, más bien, mientras comíamos los cuatro y Teo lanzaba su comida por los aires, para alegría de Ronin—. Te dije que quería empezar hoy.

—Ya, ya lo sé, Paz. Pero es mi madre… ¿Y si por decirle que no, va ella sola y le pasa algo?

Mi señora suegra ha decidido, después de un millón de años, que justo esta tarde es un buen momento para ir al cementerio donde está enterrado un tío suyo «a ponerle guapa la lápida» porque «la bruja de su viuda no va nunca». Que aquí tanto Dero como yo sabemos que hay implícita una guerra de estas que viene de antaño, de a ver quién es mejor porque lleva las enaguas más limpias y esas cosas de señoras, pero, claro, la lápida en cuestión se ve que está alta y mi suegra pues ya no tiene edad para andar subiéndose a una escalera para limpiarla.

—¿Sabes que al final vas a acabar limpiando tú, no?

—Sí, claro que lo sé.

—Pues luego ya puedes limpiarte bien las manos cuando vuelvas, porque a mí no me —iba a decir «tocas luego con esas manos», pero recordé de pronto que había niños en la mesa— parece bien no lavarse bien las manos después de andar con productos químicos, que eso daña la piel un montón.

* * * *

Casual y convenientemente cerca de donde Gabi va a dar clases de cocina vive mi amiga Laura, que tiene dos peques de más o menos la edad de Maya y Teo. Así que, como tenía una horita y media disponible, le propuse quedar para hacer algo y, afortunada yo, nos invitó a que fuéramos a merendar a su casa.

Me gusta ir a casa de Laura, o que Laura venga a la mía, porque tenemos un nivel de confianza suficiente como para no ponernos a ordenar y limpiar como locas cuando va a venir la otra con el fin de aparentar que la casa siempre está «así». No, no, no: sabemos que la casa está siempre hecha una mierda, y nos da igual. Eso fortalece una relación. Crea un vínculo. Es la verdadera medida de la confianza: el kilo de mierda por metro cuadrado.

Así que, ya que la estaba poniendo al día con los descubrimientos del *sex shop* y que estábamos de risas, aproveché la confianza para preguntarle:

—A ver, Laura, yo necesito saber si esto le pasa a más gente o si solo me pasa a mí, porque es que nunca me falla.

—Cuéntame, qué pasa.

—¡Es que es matemático, tía! Cuando tengo tiempo para darme un bañito guay y me apetece darme amor con la alcachofa, es que no falla: si me masturbo, luego siempre coincide que Dero y yo podemos hacer algo, pero a mí ya no me apetece —a Laura le cambió la cara, y fui viendo cómo se ponía cada vez más seria conforme yo seguía hablando. Pensé si sería el momento de callar, pero mientras lo decidía seguí hablando sin querer— y si me aguanto las ganas, luego no hay manera; siempre pasa algo que nos jode la ocasión.

A Laura se le había quedado el grave semblante de una monja soviética con una regla en la mano delante de una falta de ortografía.

Ya, me he pasado de confianza. Seguro que esto solo me pasa a mí, que soy una cerda y una depravada. Seguro que solo yo me masturbo con la alcachofa de la ducha y ahora tengo a Laura aquí asustada y nunca más va a dejar a sus hijos jugar con los míos.

—¿A ti no te pasa? —indagué, temerosa.

—No, a mí no —me dijo ella, con seguridad de monja soviética.

—¿Ah, no? —pregunté, ya muerta de vergüenza.

—No, hija, no —y levantó la mano haciendo círculos en un gesto como si estuviera sujetando algo en el puño—. Yo soy de pájaro en mano: si tengo ocasión de darme una alegría con la alcachofa con las ganas no me quedo.

Me reí con tantas ganas que creí que me daba un pampurrio allí, encima del bizcocho. Joder con Laura.

—Joder con la monja soviética.

—¿Qué?

—Nada, nada.

✶ ✶ ✶ ✶

Dero llegó justo a tiempo para cenar, y no traía buena cara. Durante la cena estuvo preocupantemente callado. A ver, siempre está bastante callado, pero hoy acompañó el silencio con ese «algo» en su cara que hace que sepas que está callado porque pasa algo. Como cuando los niños están en su habitación y están en silencio, que también sabes que están así porque están liando algo. No es un silencio silencio: *es un silencio delator.*

Después de que acostáramos a los niños que, milagrosamente, se durmieron con bastante rapidez, intenté acercarme a él, pero estaba en uno de esos momentos en que es como hablar con la famosa bola ocho que predecía el futuro: un monólogo infructuoso con una pelota que te dice lo que quieres oír hasta que se cansa de ti por *pesá* y te dice lo que le da la gana, ya.

—*Amore*, ¿estás bien?

Ceño arrugado mirando la tele.

—Cari.

Silencio. *Agitemos más la bola.*

—Cariño, que si te pasa algo.

—No.

—Joder, ¿me puedes decir, por favor, lo que te pasa?

—Nada.

Dos hostias te daba, Didier. ¡Habla!

—Amore...

Dero resopló.

—Nada. Que he discutido con mi madre.

—¡Vaya! —*Si es que tu madre es un bicho*—. ¿Por qué?

—Por nada.

Ya estamos.

Me acerqué a él y le besé en el cuello.

—¿Quieres que te intente animar?

Dero se removió en el sofá, frunció aún más el entrecejo y se apartó un poco de mí.

—No, no me apetece.

Fantástico.

—Ok, cariño. Me voy a la cama entonces, ¿vale?

—Vale.

Y nos dimos un besito del hombre muerto. Me fui del salón resignada. Tranquila porque sabía que no sería importante —Dero siempre me lo dice si es importante, aunque luego lo hablemos en otro momento—, pero muy frustrada por no ser capaz de hacer que mi marido me contase lo que le preocupaba y por haber perdido otra oportunidad, a cuenta de mi suegra, de querernos un poco las carnes.

Camino de la cama hice una parada en el baño para hacer un pis. Sentada en el váter, me quedé mirando fijamente la alcachofa de la ducha, ahí, devolviéndome la mirada, colgada sobre una esponja sin pelos. Y juraría que le leí el pensamiento: «*¿Sabes? Yo nunca te haría eso*».

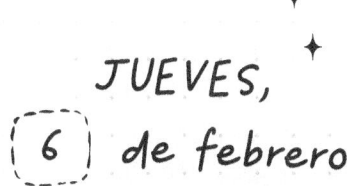

JUEVES,
6 de febrero

La inercia es una cosa que puede resultar peligrosa. Por norma general facilita mucho la vida, porque tú puedes ir haciendo cosas rutinarias sin tener que prestarles demasiada atención, y así ocupar tu mente en asuntos filosóficamente más trascendentales como: «Si solo pudiera comer una cosa durante el resto de mi vida, qué preferiría, ¿chocolate con sabor a moscas o moscas con sabor a chocolate?».

Pero sí, a veces la inercia se vuelve en tu contra. Sobre todo cuando vas a hacer algo de forma completamente mecánica y en el momento exacto algo interrumpe un engranaje y acabas cagándola estrepitosamente.

Esta mañana me estaba lavando los dientes en el orden habitual —cepillito interdental, cepillado con mi cepillo de dientes eléctrico sin batería, hilo dental— y, justo cuando iba a meter el enjuague en la boca, Gabi apareció con mucha urgencia por la puerta del baño:

—¡Mamá! ¡Que estos pantalones no los quiero que se me caen!

Y, de este modo tan tonto, me tragué el enjuague.

Ay, dios mío, ¡¿ahora qué hago?! ¡Me voy a morir! ¡Voy a palmar por una sobredosis de menta!

Me quedé un buen rato mirando a Gabi y mi propia imagen aterrorizada en el espejo, intentando calibrar cómo de fuerte sería el trauma de mi hijo si me viera empezar a vomitar allí mismo sin motivo aparente.

¿Qué hago? ¿He tragado mucho? ¡Ay, dios mío!

Y la madre miserable que intento disimular que soy hizo acto de presencia:

—¡GABRIEL, QUE NO SE TE CAEN! ¡MIRA! —Cogí los pantalones de mi hijo y tiré para abajo con fuerza, demostrando que no pasaban de la cadera para abajo—. ¡¿LO VES?! NO SE TE CAEN. Lo que pasa es que están pensados para llevarlos como la gente normal, Gabriel, y no por encima del ombligo donde te empeñas en ponerlos tú, ¡que te vas a acabar estrangulando un huevo!

—Pues no me gustan.

—Pues no te los pongas.

—Pues no me los pongo.

Y así fue como, esta mañana, gracias a una avería inercial, fui capaz de crear dos problemas de la nada y no resolver ninguno, porque Gabi ya no se quiere poner los pantalones y al final yo me quedé con el enjuague dentro.

Desde el coche, camino del cole de los niños, pensé que sería una buena idea llamar a eso de atención toxicológica, pero Gabi y Maya no dejaban de gritarse y, cuando me descubrí a mí misma intentando bajarles el volumen con los botones de la radio, decidí que sería mejor esperar a haberlos dejado en el colegio.

Pero después de dejar a Teo llorando en la escuelita, de tropezarme con Marisol que sibilinamente me volvió a deslizar que si había «pensado en ir quitándole la teta» y de que me llegara un mensaje de mi madre con un elocuente «hija, ya te vale, a ver si me llamas algo que no sé nada de ti», me olvidé de que tenía el estómago mentolado hasta que llegué al trabajo. Y como, dados los últimos acontecimientos, no quería que nadie me viera hablando por teléfono por un asunto personal, acabé buscando en Google con disimulo «¿Qué pasa si te tragas enjuague bucal?». Había mucha información muy variopinta, incluidos algunos párrafos que hablaban de perforaciones intestinales y sobredosis de *nosequeína* —no me acuerdo del nombre—. Me quise quedar con la respuesta de una chica en un foro del año 2015 que le decía a otra con mi mismo problema: «Tranquila que no pasa nada».

Pues ya está: no pasa nada. Creo que me duele la barriga. Pero no pasa nada.

* * * *

Hoy sí, ha sido el día: he empezado al gimnasio. Y me lo pensé mucho, porque aún me dolía la barriga, pero no lo iba a posponer, porque QUIERO recuperar mi figura prematernidad y si lo voy dejando luego no empiezo y, además, tengo que aprovechar que Dero está de mañanas.

Tengo que admitir que me resultó un poco difícil salir de casa, porque me probé la ropa que iba a llevar justo antes de irme y, cuando Didier me vio con ella puesta, tuvo un **ACERTADÍSIMO** comentario:

—¿Vas a ir con esas pintas?

Yo me eché un último vistazo al espejo: los pantalones psicodélicos morados me apretaban justo en mitad de las chichas de las caderas y hacían que la sonrisa desafiante de mi barriga colgara justo por encima de la goma, el sujetador deportivo me apretaba en los costados y me sacaba lorzas sobaqueras y, como la «camiseta sexi» enseñaba el costado entero, se iban viendo mis cuatro tetas por las sisas. Reconozco que este no era el aspecto que imaginé que iba a tener.

—¿Por qué? —pregunté, como si nada—. ¿Qué pasa?

—Pareces la Terremoto de Alcorcón.

Gracias, Didier, cariño mío, por esta observación tan afortunada.

—Pues no tengo otra ropa, ¿vale?

Y me fui de casa indignada.

Tenía pensado haber empezado ayer, que había visto que había clase de zumba y, no soy una experta, pero por lo que he oído hablar a otras madres en la puerta del colegio he deducido que existen dos maneras de practicar zumba: la tradicional, que consiste en salir de fiesta con tus amigas, ponerte hasta el culo de Malibú-piña, o Jager o lo que coño beba ahora la gente, y perder la vergüenza bailando, o esta otra manera novedosa que consiste en hacer básicamente lo mismo pero con ropa deportiva y sin estar pedo. Bueno, a lo mejor sí que puedes estar pedo, pero tienes que ir así ya de casa.

Como sea, zumba había ayer. Hoy ya no. Y el chico de bíceps descomunales y sonrisa injustamente perfecta, pero que al menos es idiota —a la sazón: Borja—, andaba por allí y se acercó a mí para «orientarme».

—Mira, en diez minutos empieza la clase de *bodypump,* que la doy yo. ¡Anímate! ¡Verás qué divertida es!

—Ay, no sé… Es que… Me duele un poquito la barriga, no sé yo si…

—Venga, mujer. Es fácil y puedes quemar quinientas calorías por sesión.

¿Quinientas calorías? ¡Eso me compensa un menú del McAuto! ¡Vámonos!

Y me metí, engañada, en *bodypump*. Que, a ver, yo en esta clase no sé si es que faltan copas o sobran mancuernas, pero me da que hay algo que no está bien equilibrado.

La teoría dice que es un completísimo ejercicio que trabaja todos los grupos de músculos, tonificando mientras quemas calorías mediante repeticiones cortas, con peso relativamente bajo y al ritmo de la música. Hasta ahí bien.

Yo entré y me encontré con un montón de sitios dispuestos con *steps* y esterillas y pesas, y me puse en uno que estaba libre. Dos minutos después llegó una chica que tendría veinte años y me dijo:

—Disculpe, señora, es que este es mi sitio.

Estado de *shock.*

¿PERO CÓMO QUE SEÑORA, NIÑATA? ¿A QUIÉN LLAMAS SEÑORA? Tienes suerte de tener esos músculos en los brazos, que si no te enseñaba yo a ti a tratar a la gente con respeto. Señora, dice...

—Ay, perdona —me disculpé—. Es que en mi anterior gimnasio nos lo dejaban ya preparado, ¿sabes?

Y me fui, sintiéndome muy avergonzada por haber escupido aquella mentira evidente y ridícula.

Claro: el material tenía que preparármelo yo. El caos. Ni idea de qué tenía que coger, así que eché un ojo a lo que tenían los de alrededor. No quise preguntar a nadie porque no quería que se notara que era mi primera clase y menos aún llamando la atención con aquella ropa que me hacía parecer la Terremoto de Alcorcón, aunque sospecho ligeramente que robarle el sitio a otra no había sido el mejor comienzo. Me fui a un rinconcito discreto detrás de un altavoz y empecé a amontonar cosas: un *step,* una esterilla, una barra, unas mancuernas al azar y un montón de pesas de colorines, que no estaba segura de cómo colocarlas, así que, en un alarde de formación artística, las ordené en línea cromática.

No voy a entrar en los detalles del lamentable espectáculo que era verme intentar seguir la clase ante los demás, el monitor y ante mí misma —que, a estas alturas de mi vida, ya debería estar acostumbrada a verme hacer el ridículo, pero no—. Así que entre la sensación de inutilidad y el dolor de barriga que aún tenía acabé por irme antes de que terminara la clase. Recogí las cosas, aguanté estoicamente la vergüenza de que se me cayeran dos pesas en mitad de la sala mientras todo el mundo me miraba, y me fui a los vestuarios, que estaban bastante llenos de gente y en los que observé dos verdades: la primera, que el tío que inventó las toallas de microfibra del Decathlon debe estar forrado y disfrutando de la vida en su isla privada porque, joder, **TODO EL MUNDO** lleva la misma dichosa toallita. Todo el mundo menos yo, que soy una ridícula y llevé una de playa de Ágatha Ruiz de la Prada que me regalaron en el súper comprando dos cartones de leche hace dos veranos. La segunda, que yo no sé si aquí soy la única que tiene hijos o solo soy la única a la que le ha quedado el cuerpo hecho una mierda después. Me puse de pie junto a mi taquilla, metiendo y sacando cosas al azar, mientras de forma casi inconsciente miraba por el rabillo del ojo al resto de mujeres que estaban en el vestuario, todas aparentemente más jóvenes que yo, todas con ropa deportiva que les quedaba como yo había imaginado que me iba a quedar a mí la que había comprado. Se puso en la taquilla de al lado una tía que, ¡joder! ¡Debería ser ilegal tener unas tetas tan bonitas, coño! Redondas, ingrávidas y ni grandes ni pequeñas. Y yo ahí, escondiendo como podía mis dos tetas lactantes y mis dos tetas sobaqueras.

Me acordé del pijama de Ingrediente Secreto y me sentí la persona más imbécil y ridícula del mundo.

A la mierda. Me ducho en casa.

Agarré todos mis trastos y me fui.

* * * *

Hoy, la que estuvo callada durante la cena fui yo.

Gabi y Maya ya dormían, y Teo acababa de caer también cuando Dero se echó a mi lado en la cama y me abrazó.

—¿Qué tal hoy?

Mal, Didier. Todo mal. Esto es una mierda.

—Bien.

—¿Y qué te pasa?

Que soy una ridícula, Didier. Que no sé qué ha sido de mí, no me reconozco.

—Nada.

—Vale.

Dero me metió la mano por debajo de la camiseta. Me acarició la espalda.

No sigas por ahí, Dero, que no me apetece.

Se acercó más a mí y empezó a besarme el cuello.

—Cari —me dijo—, los niños ya duermen.

Me moví incómoda y me aparté de él.

—No me apetece, Didier.

Dero paró y se incorporó ligeramente. Yo no quise darme la vuelta para mirarlo. Como si tuviera miedo de que si me veía la cara sabría lo que me pasaba, y no me apetecía hablar de ello. Pero, aunque no le viera la cara, sé lo que estaba pensando: «¿Ahora que podemos no quieres?».

—No entiendo. ¿Por qué?

Porque no estoy bien, Didier. Porque hoy ha sido un día de mierda. Porque todo me sale mal. Porque me siento vieja, y gorda, y fea y una inútil y cualquier cosa menos un cuerpo deseable y no quiero que me veas desnuda.

—Porque no.

Didier sacó la mano de mi camiseta y se apartó de mí.

—Vale —resopló.

Se incorporó y salió de la cama. Le miré mientras iba hacia la puerta.

—Dero —dije.

Él se giró y me miró en silencio.

Dero, por favor, no te vayas. Quédate conmigo. Necesito que me abraces. Hoy necesito mucho mucho mucho sentir que me quieres.

—Nada —dije, girándome otra vez y dándole la espalda—, déjalo.

VIERNES, 7 de febrero

Vamos, Paz, que ya es viernes. Aguanta un poco más.

Me levanté de la cama con unos ligeros retortijones que achaqué aún al enjuague bucal que me tragué ayer. Pero cuando fui a hacer pis descubrí a la culpable.

Hola, menstruación. ¿Tú no tenías que venir la semana que viene?

¿A qué día estamos hoy?

Todos los meses lo mismo. No sé en qué día vivo.

Cogí mi copa menstrual y la puse a hervir en un cacito, pequeño y morado, que tengo expresamente para esto. Me calenté el café, preparé los desayunos y los almuerzos para el cole, levanté a los niños, me tomé mi café frío.

Menos mal que Dero saca a Ronin antes de irse, si no esto sería mucho más difícil.

Levanté al bebé, le di teta, lo vestí, ayudé a Maya a vestirse. Dos minutos antes de salir por la puerta tenía la sensación de que se me olvidaba algo.

Qué se me olvida... Qué se me olvida...

Y de pronto...

¿A qué huele? ¿Huele a quemado? ¿Por qué...? ¡MIERDA! ¡LA COPA!

Rescaté la copa del cacito, del que ya se había evaporado toda el agua. Los daños no parecían graves, aunque mi copita tenía un surco en el que ya no era morada, sino marrón. No es la primera vez que me pasa esto, pero la otra se había quedado un poco blanquecina, no de este color de tostada cancerígena.

¿Y ahora qué hago? ¿Esto se puede poner igual? ¿Será tóxico?

No tenía otra cosa que ponerme. Y no podía ser más tóxico que tragarse el enjuague bucal. Así que aclaré la copa en agua tibia y me la puse, cruzando los dedos para no morir por alguna clase de *shock* tóxico.

Vamos, Paz, que ya es viernes. Aguanta un poco más.

* * * *

—Oye, Paz.

Pegué un bote en mi silla. Yo esta reciente manía que tiene Vicente de asaltarme por la espalda no sé si no acabará costándome un ataque a la patata.

—Hola, Vicente. Dime.

—Oye, la corrección de la novela de Burillo. *—Joder con la novelita. ¿Qué pasa ahora?—.* Ya hemos imprimido unos ejemplares de prueba y están fenomenal. A Burillo le ha encantado cómo queda todo. Gran trabajo.

¿Hola? ¿What? ¿Me estás felicitando por el trabajo? Esto es una trampa, seguro. ¿Qué pretendes, Vicente? ¡DIME QUÉ PRETENDES!

—¡Ah! ¡Muchas gracias, Vicente! —dije, sonriendo.

—Bueno, mujer. Ha sido un gran trabajo. Qué menos que decírtelo. Y Burillo también me ha pedido que te lo transmita. Dice que si quieres te quedes con un ejemplar que él te lo dedica.

Anda, qué suerte la mía.

—Qué amable por su parte. Dale las gracias cuando lo veas.

—Lo haré. —Vicente se giró para irse, y ya de espaldas añadió—: ¿Lo del Papalote cómo va?

—Bien, bien. Hay dos cositas que voy a rematar este finde en casa y el lunes a primera hora ya lo tenemos.

—Muy bien, Paz. Sigue así.

Wowww... Debería hacerme un selfi o algo y subirlo a Instagram para conmemorar el momento. ¡Esto no le pasa a una todos los días!

* * * *

Cuando llegué a casa a mediodía con los niños, Dero estaba haciendo la comida, como de costumbre. Mientras los mayores dejaban sus cosas en el salón y Teo empezaba a lanzar cubiertos y fruta desde su trona, yo me acerqué a Dero por detrás, lo abracé, hundí la cara en su espalda y aspiré profundo.

—Hola —dije.

—Hola —me respondió él mientras picaba una cebolla—. ¿Estás mejor?

—Sí.

—Me alegro. ¿Qué te pasaba ayer?

—Prefiero no hablar de eso, si no te importa.

—Vale.

—Hoy Vicente me ha felicitado por el trabajo.

—¡No me digas! —Dejó el cuchillo junto a la cebolla picada, sobre la tabla, y se giró para darme un beso—. Eso habrá que celebrarlo, ¿no?

—Me ha venido la regla.

A Didier se le puso esa cara de cómica desesperación que se le pone a veces, cuando él quiere una cosa y el universo se confabula en su contra. Aunque el universo suelo ser yo, a decir verdad.

—A mí me da igual —me dijo, el cachondo.

—Claro, como no eres tú el que está de regla…

—Bueno, *amore*, por eso. La que está de regla eres tú.

—Ah, claro, que ahora es «mi menstruación».

—No, no, por supuesto: es nuestra menstruación.

—No, majo, que la que está de regla soy yo.

—¿Pero no acabas de decir que…?

—¡Ay, Didier, no me líes! —Me reí—. Bueno, esta tarde te quedas tú con Gabi y Teo, y llevo yo a Maya a *ballet*, ¿vale?

—Vale. ¿Podrás pasar por la ferretería y comprar una bisagra para el armario?

Miré a mi marido con mi mejor cara de quemestascontandodero.

—No me da tiempo, Dero. Quiero hacerle una visita rápida a mi madre y tengo que ir a comprarme otra copa.

—¿Otra copa? ¿Pero no compraste una hace poco porque habías quemado la anterior?

Ops.

—¿Yo? —Me encogí de hombros y empecé a recoger cucharas y naranjas del suelo—. No sé de qué me estás hablando.

       ✳ ✳ ✳ ✳

Salí de casa temprano para poder pasar por la farmacia a comprar otra copa antes de dejar a Maya en *ballet*. Me llevé una decepción enorme cuando vi que no les quedaban moradas. Verde, azul, rosa, roja

—¿Roja? Por favor, qué horror. ¡Roja! Estamos locos o

qué—, blanca —*Uj, blanca*—. No me gustaba ninguna, yo la quería morada y no quería comprarme una copa que no me gustara con la que pasar los próximos diez años.

Por eso no te preocupes, Paz. Diez años les dura a las personas normales, no a las que andan jugando al Quimicefa con ellas. Te doy un año y medio como mucho.

Me la compré verde.

Dejé a Maya en *ballet* y fui corriendo a hacerle una visita de médico a mi madre. Fue una gran idea, sin duda, porque en un viernes que estaba consiguiendo subirme el ánimo lo mejor que podía hacer era ir a ver a la única persona en el mundo capaz de listarme mis defectos por orden alfabético.

—¿Y cuándo te vas a poner el pelo normal otra vez?

—Pues cuando pueda ir a la peluquería, mamá.

—Es que, hija, ya no tienes edad para andar por ahí con la cabeza rosa.

—A ver, mamá, que no fue intencionado y, además, que tengo solo treinta y nueve años.

—Son cuarenta como quien dice.

SON TREINTA Y NUEVE, MADRE.

—Bueno, no importa, mamá. Ahora se es joven hasta los sesenta. ¿No lo sabías?

—¿Has encargado las gafas nuevas ya?

Fuuuuu... Respira, Paz.

—No, mamá, no he tenido tiempo de ir a la óptica.

—¡Pero si es un momento!

—Ya, ya, ya lo sé.

—Mira, podías haber ido ahora antes de venir aquí.

—He tenido que ir a la farmacia a comprar una copa.

—¿No tenías una ya?

—Se me quemó.

—¿Otra vez? Paz, hija, es que eres un desastre.

—Ya. Gracias, mamá. Siempre es un placer venir a verte.

—Bueno, es que es cierto: si no hubieras quemado la copa podrías haber pasado hoy por la óptica, ¿o no?

—También podría haber ido a la óptica en lugar de haber venido a verte a ti.

Mi madre guardó silencio y puso su cara de negacionista. Como de «aquí estoy yo sola pero este pedo no es mío».

—He empezado al gimnasio —dije, para alegría de mi señora madre, a quien se le iluminó la cara.

—¡No me digas! ¡Qué bien!

—Sí.

—¿Para eso sí tienes tiempo?

—Joder, mamá…

—No, mujer, no. Muy bien. —*Tres, dos, uno…*—. ¿Vas arreglada?

—Me he comprado ropa nueva para ir.

—¿Y te depilas? No irás toda llena de pelos, Mari Paz, que te conozco.

—Me depilé la semana pasada.

—¿Pudiste ir a depilarte?

—Me depilé yo en casa.

—¿Te hiciste la cera?

¿Pero esto qué es? ¿El tercer grado? ¿Una encuesta de satisfacción del usuario?

—Con cuchilla.

—Pues ya te han crecido los pelos otra vez, ¿o no?

Sí, mamá. Y todavía me pica el chichi que aún me estoy aguantando las ganas de arrancarme la piel.

—No, no. A mí me crece muy despacio. Estoy bien. ¡Uy! Mira qué tarde es. Tengo que ir a por Maya que sale ya.

—Ay, espera.

—No puedo esperar, mamá, que llego tarde.

—Un momento que es que he hecho torrijas.

Ah, bueno, entonces espero.

—Te preparo un táper. —*Ya podías haberlo tenido preparado, madre, que sabías que iba a venir.*

Observé cómo mi madre, cargada de parsimonia y tranquilidad, sacaba un táper, lo miraba, calculaba, le parecía pequeño, lo guardaba, sacaba otro, asentía, metía las torrijas, buscaba la tapa, no la encontraba —*coño, mamá, que llego tarde…*—, buscaba otro táper, sacaba el mismo de antes, lo volvía a guardar, sacaba otro, —«Es que, Mari Paz, me has dejado ya sin tápers, a ver cuándo te acuerdas de traérmelos»—, tanteaba, otro más, cambiaba las torrijas de táper, le ponía la tapa —*¡bien! Ya acabamos*—, abría un armario, sacaba el *film*, envolvía el táper, otra capa, otra capa —*coño, mamá, que son torrijas no medio kilo de heroína*—, otra capa, abría un cajón, buscaba una bolsa, sacaba una, el táper no entraba, volvía al cajón, murmuraba un *mecagoen* —*me quedo sin torrijas*—, sacaba otra bolsa y metía al fin el táper.

—Gracias, mami.

—Tengo también lentejas de ayer, ¿te preparo un táper?

POR DIOS, MAMÁ, ¡NO!

—No, mami, gracias. De verdad que me tengo que ir.

Le di un beso y me fui corriendo.

Llegué tarde a buscar a Maya. Pero, al menos, esta vez el motivo no era tan evidente como la otra porque las torrijas no las llevaba en la cabeza.

Cuando ya estaba en el coche, miré el calendario en el móvil intentando recordar qué día exactamente me había depilado, y entonces caí en la cuenta.

¡Ostras! ¡La semana que viene es San Valentín!

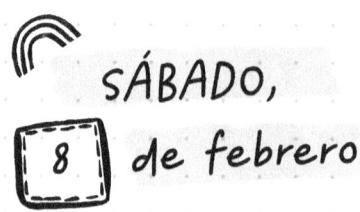

SÁBADO,
8 de febrero

—¡MAMÁÁÁÁÁÁÁÁ! ¡MAMÁÁÁÁÁÁÁ! ¡MAMÁÁÁÁÁÁÁÁÁÁ!

¡Mi hijo!

Me desperté con el corazón desbocado y fui corriendo a la habitación de Gabi, que me llamaba como si estuviera en peligro de muerte. Entré empujada por la adrenalina, que se me salía por las orejas y casi hasta por los ojos en forma de lágrima, estampando la puerta contra la pared de un puñetazo. Mi hijo estaba arrodillado en un rincón, recogiendo algo con un pañuelo de papel.

—¿QUÉ? ¿QUÉ HA PASADO?

Gabi se giró, levantó hacia mí el pañuelito —que contenía una pelotita marrón—, y me preguntó, con esa sana curiosidad que a él le mueve para todo:

—¿Esto es una caca con moho?

Felicidad mañanera.

Gracias, Gabriel, hijo mío, por estos regalos que me haces.

Efectivamente, tenía toda la pinta de ser una caca de Gatalina, puede que de alguna noche que se metería en el armario y quedaría encerrada toda la noche con Gabi en su habitación. Y si la necesidad le apretó, pues allí había dejado una pelota de recuerdo. Entonces pensé en mi bebé que no comía y perdía peso y en el piojo corriendo por su cara delante del pediatra, sumé esa imagen a la que tenía delante y preferí pensar que no soy tan aberrantemente negligente como puede parecer.

—Déjame ver —le dije, cogiendo el pañuelo de su mano—. No, cariño, esto es plastilina. —Era una caca con moho—. A lo mejor se le cayó a Teo. —Olía mal—. Estuvo jugando aquí ayer. —Reprimí una arcada.

Tiré aquella pelota al váter, lamentando no poder tirarla por la ventana y saber que aquella asquerosidad saldría del edificio, me lavé las manos hasta que mis bacterias empezaron a mandarme señales de humo para que parase y me fui a preparar café. Dero apareció a los pocos minutos.

—¿Qué le pasaba a Gabi?

—Una emergencia.

—¿De qué tipo?

—Escatológica.

—¿Escatológica? ¿Se ha hecho pis en la cama o algo así?

—La gata. Caca. En la cómoda. Muy asqueroso todo, no preguntes.

—Ok. ¿Y qué plan hay para hoy?

Gabi y Maya, con sus respectivos oídos de alta frecuencia que todo lo captan, aparecieron también por la puerta de la cocina.

—¿Podemos ir al acuario?

—Esoooo, porfiiiiii.

Dero me miró, como si fuera yo la responsable de decidir por todos.

—Tenemos unas invitaciones que nos dieron en la feria, pero creo que son para los domingos. ¿Vamos mañana?

—Joooo… —dijeron ambos al unísono.

—A ver, chicos, que el acuario es muy caro. Vamos mañana que nos sale gratis.

—¿Quieres ir hoy al gimnasio?

Me giré hacia Dero, que me había lanzado esa pregunta a traición.

—¿Hoy? ¿Al gimnasio?

—Sí. ¿No decías que también podrías ir los fines de semana?

—Bueno, sí, pero no lo había pensado…

—La invitación que te dio Vane para el gimnasio es para un mes, ¿no?

—Sí.

—Pues deberías aprovechar.

—Emmm… No sé… Tenía que hacer también una cosilla del trabajo…

—Además, hay que ir a hacer compra. Chicos, ¿os apetece que vayamos esta tarde al súper a comprar?

Para mis hijos, ir a comprar al súper está en la lista de cosas más divertidas del mundo, entre Disneylandia y un *camping* con piscina.

—¡¡¡¡Síííííí!!!! —respondieron al unísono.

—Pues ya está, decidido —dijo Dero—. Me los llevo a comprar y a tomar un batido por ahí y tú te coges la tarde para ti. ¿Quieres?

Reconozco que esa perspectiva repentina de tener una tarde —bueno, unas tres horitas o por ahí— para mí sola me pilló desprevenida y me dejó en estado de *shock*. Como si entras en un restaurante enorme esperando que esté lleno y te lo encuentras vacío, y no sabes en qué mesa sentarte.

—Venga, vale —dije por fin—. Hoy lo hacemos así.

—¡Eso! —dijo Gabi—. ¡Y mañana al acuario!

—¡Yuju! —gritó Maya—. ¡Va a ser el mejor fin de semana de mi vida!

Bueno, pues ya está. Teo, los piojos, la caca con moho y ahora esto. Si su idea de fin de semana a lo grande es ir al súper, definitivamente soy una madre de mierda.

* * * *

La perspectiva de tener que madrugar el domingo para hacer lo que me quedaba del anuncio para Papalote no me animaba mucho, la verdad, pero reconozco que la tarde fue muy agradable. En el gimnasio no hay clases colectivas los sábados por la tarde, así que me fui a la sala y había poca gente. Borja me aconsejó empezar por cardio y me enseñó las máquinas que me recomendaba.

Claro, yo me quedé mirando aquel aparato para «subir escaleras» y fue como «mira, Borja, yo es que vivo en un tercero sin ascensor, de escaleras voy bien ya». Así que me subí a la máquina de al lado: una elíptica.

Mientras corría sobre el aire en el aparato aquel, empecé a sentirme bien y a dejar volar la imaginación. Didier y yo no solemos celebrar San Valentín, pero este año podríamos hacer algo.

Teo puede quedarse un rato con la abuela, y los otros estarán encantados. A lo mejor podríamos salir a cenar, o al cine... De aquí al viernes que viene puedo intentar cuidar un poco lo que como, venir al gimnasio todo lo que pueda, y el mismo viernes ir a hacerme la cera... No voy a volver a perder sesenta euros en una noche de hotel, pero no sé, ir con el coche a un mirador o algo, como cuando éramos jóvenes, sería divertido. Podría llevar los geles que compré con Vane y... Perdón, ¿acabo de decir «cuando ÉRAMOS jóvenes»? Oyoyoyoy...

Sí, está claro: esta semana va a ser MI semana. ¿Qué mejor momento para un SUPERPOLVAZO que el puto San Valentín?

La máquina pitó, dando fin a los quince minutos de cardio que Borja me había programado. Me bajé del trasto, eché a andar y las rodillas se me doblaron solas. Tuve que agarrarme al manillar para no estamparme contra el suelo. Borja vino en mi auxilio.

—¿Es la primera vez, no?

¿En qué lo has adivinado, lumbreras?

—¿Tanto se nota? —le dije, sonriendo cortésmente.

—Tranquila, esto la próxima vez seguro que ya no te pasa. Hidrátate y ven, que te he hecho un *planning*.

Cincuenta minutos después salí del gimnasio duchada y fresca, sintiéndome fuerte y ligera. Y esa energía se fue transformando lentamente en un agarrotamiento muscular y un dolor de espalda que, para cuando llegó la hora de cenar, me tenía doblada.

—Eso es que has cargado mal el peso.

—Gracias, Didier, no lo habría dicho nunca. No sabía que eras entrenador personal.

—Oye, que yo no tengo la culpa de que no sepas levantar dos kilos.

—Vete a la mierda, Didier.

El cabrón me miraba y se reía, sin disimular ni nada.

—Bueno, mira, toma —y me dio el mando de la consola—. Busca una peli que te apetezca ver. Voy a hacer la cena.

—Vale —le dije, arrebujándome en el sofá—. Te perdono.

—¿Que me perdonas?

—Sí. Te perdono. ¿Y sabes qué más?

—Qué.

—Que el viernes que viene es San Valentín, y este año lo celebramos, así que no hagas planes.

—Cari, estoy de tarde. Salgo a las diez de la noche…

—Ya, ya lo sé, me da igual. Tú no hagas planes, que este año lo celebramos, ¿vale?

Didier suspiró y se fue a la cocina. Yo entré en Netflix a ver qué podía elegir de entre todo lo que tenía en mi lista de cosas pendientes, pero Gabi y Maya aparecieron por la puerta y se me acabó el chollo. Tras una ardua discusión entre ellos dos, nos metimos en Disney+ y pusimos, por enésima vez, *Frozen II*. Y yo, cuando terminé mi cena, acabé quedándome dormida en el sofá.

DOMINGO, 9 de febrero

Cinco días para San Valentín

No era mucho lo que tenía que hacer para el vídeo del Papalote, solo meterle alguna musiquilla de fondo para que quedara redondo. Pero intentar trabajar en el PC con los niños alrededor es igual de fructífero que sembrar zapatos, así que puse el despertador a las siete de la mañana, y así podría desayunar tranquila y en soledad, y luego ponerme con la música, que no podía llevarme más de media hora. Una hora como mucho.

Así que a las siete sonó el despertador, me giré muy lentamente para apagarlo y Teo se revolvió a mi lado.

Me quedé a medio levantar, quieta como una estatua y reventándome el lumbago, confiando en que volviera a dormirse. Pero no: gruñó, gimió y me agarró una teta.

—¡Tita, tita!

Así que me volví a tumbar y le di teta. Pero una, que es madre experimentada y se lo veía venir, ya contaba con que algo así podía pasar y por eso puse la segunda alarma del despertador a las siete y media por si yo me volvía a quedar dormida —aunque no fue el caso—.

Para cuando sonó, Teo dormía pero no me había soltado la teta. Así que empecé a hacer una serie de tiras y aflojas con mucha, mucha calma —porque un movimiento brusco podría salir muy bien o muy mal— y, después de trece largos minutos —cuarenta y tres desde que me había despertado—, conseguí soltar la teta sin despertar al bebé.

¡Bien!

Salí de puntillas, fui al baño, hice pis apretando y todo para que no hiciera ruido, y tiré de la cisterna ultradespacio.

Ronin se dio cuenta de que me había levantado y vino dando saltos.

¡Joder, Ronin! ¡Para! ¡Para!

Le hice un gesto con la mano que a estas alturas de la vida mi perro reconoce y sabe interpretar perfectamente: «Vete a la cocina y no hagas ruido».

Me asomé a la habitación otra vez: bebé dormido plácidamente.

¡Estupendo!

Me fui a la cocina en absoluto silencio. Le di de comer a Ronin sin producir más de un decibelio. Empecé a calentar el café en un silencioso cacito.

El reloj del horno marcaba las siete cuarenta y siete.

El café aún no había empezado a humear cuando por el rabillo del ojo vi que Ronin giraba la cabeza y miraba hacia el pasillo.

No puede ser.

Miré hacia la puerta, y apareció, dando pasitos y levantando sus bracitos hacia mí. Me saludó una sonrisa llena de babas:

—¡MAMÁÁÁÁ!

A tomar por culo la bicicleta.

Suspiré y levanté a mi bebé en brazos.

—Hola, mi amor.

—¡*Tata, tata*!

—¿Quieres una galleta?

—*Tííí.*

—Vale.

Le di una galleta y lo llevé al salón, pero no me dejó sentarlo, así que volví a la cocina para terminar de hacerme el desayuno con el bebé en brazos.

Bueno, seguro que ahora después de desayunar se entretiene con algo. No es mucho lo que tengo que hacer, así que puedo hacerlo igual aunque esté él por aquí.

Me fui al salón con el bebé. Él se comió su galleta. Yo me tomé mi café. Y él volvió a pedirme teta.

Las ocho y catorce.

Venga, le doy teta y me pongo con el anuncio.

Le enchufé la teta otra vez. Cuando terminó le cambié el pañal, lo dejé en el suelo con un montón de juguetes —que ya estaban allí, en realidad, porque en el suelo de mi salón siempre hay una media de cincuenta juguetes desparramados— y fui a encender el ordenador. Aún no lo había alcanzado cuando oí al bebé:

—¡*Aya*!

—¡Hola, bebé!

No puede ser.

Me giré y allí estaba mi hija mediana, con los rizos locos, frotándose los ojos y dándome los buenos días.

Las ocho treinta y ocho.

No pasa nada, aún es temprano.

—Buenos días, tesoro. —Y le di un besito en la frente—. ¿Qué te apetece desayunar?

—¿Puedo tortitas?

¿Tortitas, Maya? ¿En serio? ¿No prefieres algo más elaborado como una tarta de bodas arcoíris?

—Ay, Lluvia, ¿y no te apetece algo que lleve menos trabajo? Es que tengo que hacer una cosa…

—Vale… —me dijo con carita de mucha pena.

Venga, Paz, va. Que no tardas tanto en hacer unas tortitas…

—Bueno, venga —le dije, animosa—. Te preparo unas tortitas.

—¡Bien!

—Vigila a Teo, ¿vale?

—Vale, pero, mamá…

—Dime.

—Que ya no me quiero llamar Lluvia.

Madre mía.

—¿Y cómo te quieres llamar?

—Quiero llamarme Enia.

¿Enia? ¿Pero de dónde ha sacado esta niña ese nombre?

—¡Oh! Es precioso, cariño. Me encanta.

Fui a la cocina y, nota mental: por mucho que quieras correr haciendo unas tortitas, se tarda lo que se tarda. No hay más.

Un rato después le serví las tortitas a Maya.

Las nueve y siete.

Más de dos horas hacía que había sonado el despertador y yo todavía ni había encendido el PC.

Y en ese momento mi cuerpo decidió que era un buen momento para que me diera un apretón mañanero, pero de la que iba a salir hacia el baño se ve que el cuerpo de Teo pensó lo mismo, porque se echó a llorar:

—Mamááááá… Cacaaaaa…

Y empezó a hacerme con sus manitas el signo de «pañal».

Me cago. Me cago viva.

Pero no podía ignorar a mi bebé llorando, así que lo cogí, fui a buscar un pañal limpio y me reprimí las ganas. Le cambié el pañal a Teo por segunda vez.

Las nueve y veinte.

Se me habían quitado las ganas de ir al baño.

Venga, me pongo otro café y al lío.

Y mientras me calentaba mi segundo café, apareció el que faltaba.

—Buenos días, mami.

A la mierda todo ya.

—Buenos días, Gabi. —Y le besé la frente a mi hijo mayor, que se había puesto a mi lado a ver qué hacía—. ¿Te preparo el desayuno?

—¿Qué hay?

Truños, Gabriel. Hay truños.

—Pues lo de siempre, cariño.

—¿Qué es eso?

—Masa de tortitas.

—¿Puedo tortitas yo también?

…

—Claro, mi amor. Ve al salón que enseguida te las llevo.

Quedaba poca masa. Hice otra tanda. Le preparé tortitas a Gabi.

Las nueve cincuenta y siete.

Encendí el PC. Me calenté otra vez mi segundo café. Me eché el café en la taza. Me volvieron a entrar ganas de ir al baño. Fui al baño. Me encontré a Dero sentado.

—Buenos días, *amore*.

—¡Mis muertos, Didier!

Dejé a mi marido sentado con cara de susto y me fui a la cocina de nuevo. Cogí el café y lo llevé al salón. Teo se agarró a mi pierna y empezó a pedirme teta otra vez.

—Teo, no, teta no. ¿Quieres una galleta?

—¡NOO! ¡*TITA, TITA!*

—¿Y chocolate? —*Estoy desesperada ya*—. Puedo darte chocolate. ¿Quieres chocolate?

—¡NOOO!

Y empezó a llorar. Así que cogí a Teo y otra vez a la teta hasta que se cansó.

Las diez y veintiocho.

Camión, mátame pronto.

Me dio otro apretón. Fui al baño. Me encontré a Gabriel sentado en el váter.

—¡PERO GABRIEL, ¿QUÉ HACES?!

—Caca, mamá, ¿no me ves?

Salí al pasillo y fui otra vez hacia el salón gritando.

—¡ME CAGO EN TODO!

Y entonces Didier, el *iluminao*, sentado en el sofá con su café y sin otra cosa que hacer, me soltó:

—¿Se puede saber qué te pasa, Paz?

—¡QUE ME CAGO, DIDIER, QUE ME CAGO! ¡QUE ME DESPERTÉ A LAS SIETE PARA TRABAJAR SOLA Y TODAVÍA NO HE PODIDO NI CAGAR! ¡QUE AQUÍ SIEMPRE VAN LOS DEMÁS POR DELANTE DE MÍ!

Dero y Maya cruzaron una mirada y se quedaron en silencio.

No, si encima ahora soy la mala. Hay que joderse.

Y apareció Gabi por la puerta:

—Perdón, mami…

Ay, joder, qué he hecho… Mi hijo me está pidiendo perdón por qué, ¿por cagar? Joder…

Respiré hondo un par de veces y hablé cuando me sentí contenida:

—No, Gabi, no. Tú no has hecho nada, cariño. Ninguno habéis hecho nada, perdón. Es que madrugué mucho para hacer una cosa del trabajo y al final no he podido ponerme, y me siento muy frustrada… Pero no es culpa vuestra, ¿vale?

—Vale —me dijo Gabi.

—A la porra, no es tan urgente. Lo haré mañana en la oficina, ¿sí? Venga, ahora a terminar y a ponernos al día, que esta tarde ¡nos vamos al acuario!

Y me puse a hacer la «limpieza semanal general» —que en la práctica consiste en que cuando terminamos de ordenarlo todo ya no tenemos ganas de limpiar y el polvo se queda donde está otro día más— con la sensación de que, por lo menos, había salvado los muebles. Y, bueno, que realmente no importaba tanto: poner la musiquita al anuncio es cosa de media hora y lo puedo hacer perfectamente mañana. Tengo tiempo.

LUNES,

10 de febrero

Cuatro días para San Valentín

Voy a organizarnos un planazo de San Valentín, con cena, con depilación, con geles de sabores sin aceite de palma y, a lo mejor hasta con pijama del Ingrediente Secreto. Una noche por todo lo alto. Así que esta sí: ¡Esta va a ser mi gran semana!

Me levanté cargadísima de energía y con la calma mañanera propia de la semana que Dero está de tarde, porque ya se ocupa él de todo. Desayuno supersano para todos, mi cepillo de dientes milagrosamente cargado, Teo no lloró al quedar con Carla en la escuelita, encontré sitio rápido para aparcar cerca del curro… ¡No podemos empezar la semana mejor!

Vamos bien, ¡vamos bien! ¡Vamos, Paz, que tú puedes con todo!

Me senté en mi mesa y enseguida apareció Vicente por allí para preguntarme por el anuncio del Papalote.

—No lo he podido terminar el fin de semana, Vicente.

—Me dijiste que hoy lo tendríamos a primera hora.

—Sí, ya, ya lo sé, Vicente, es que se me lio el fin de semana con los niños, pero no te preocupes porque me queda nada, ponerle algo de música. En media hora lo tienes.

—Vale —resopló—. Cuando lo tengas, ven a avisarme.

—Muy bien.

Vicente se fue y yo me giré hacia mi ordenador, plena de optimista convicción. Abrí el programa de edición de vídeo, las carpetas, los archivos, actualicé mi esquema mental y me fui al banco de música al que la empresa está suscrita para descargar los archivos que ya sabía que usaría. Metí las claves de acceso y la página me dio error.

Usuario no válido.

¿What?

Volví a meter el usuario y la contraseña, y la página volvió a darme el mismo error.

Usuario no válido

¿Qué pasa aquí?

—Oye, Mari —le pregunté a mi compañera, señalando mi pantalla —. ¿El usuario para el banco de música no es este?

—Ay, Paz, ni idea. Yo el banco de música no lo uso nunca —me respondió encogiéndose de hombros—. Pregúntale mejor a Javi, que controla más de todo esto.

—¿Y dónde está? ¿No ha llegado aún?

—Creo que está en impresión.

Me levanté y fui, con más bien poca gana pero dispuesta a no dejar que nada jodiera mi gran semana, a la zona de impresión. Vi la coronilla de Javi, que estaba recogiendo unas muestras de papeles y hablando con Paco y Amelio. Tragué saliva con decisión y fui hacia ellos.

—Javi, ¿tardas mucho? Necesito tu ayuda con una cosa.

—No, Paz, ya he terminado.

Se despidió de los otros y se giró para venir conmigo, y Amelio no pudo cerrar su enorme bocaza porque al pobre imbécil le falta el gen que regula esa capacidad.

—Uy, Javi, ten *cuidao* que Paz últimamente tiene unas necesidades muy especialitas.

No sé qué me pasó. Quizá que me sentía particularmente contenta o que Amelio me tiene, *grosso modo*, particularmente hasta el coño, pero sin pensarlo me di la vuelta:

—¿Pero tú eres idiota o qué te pasa?

Javi me apoyó una mano en el hombro.

—Venga, Paz, ignóralo, mujer —y añadió, susurrando—, si aquí todos sabemos que el hombre no da para más.

Me giré con Javi y aún oí a los otros dos cuchichear a nuestras espaldas.

—¿Ves? Si es que ya decía yo que esta tía es una *amargá*.

Qué ganas de cagarme en tu padre, Amelio. Qué ganas.

—¿Y qué problema tienes, Paz?

—Javi, estoy intentando entrar en el banco de música para descargar unos archivos y no me deja. Me dice «usuario no válido».

—¿Lo has puesto bien?

—Pues creo que sí. VicenteNorte75, ¿no?

—Sí, ese. Déjame probar a ver.

Javi intentó entrar y la página dio el mismo error.

—Qué raro… —comentó.

—¿Y ahora qué hago?

—¿Algún banco gratuito?

—Buff… Es que ya tenía localizados los archivos que quería meter… Si tengo que ponerme a mirar bancos y músicas me voy a eternizar; si entro aquí no me va a llevar más de media hora terminar.

—A lo mejor están actualizando la página. A veces pasa.

—¿Y tardará mucho en volver a funcionar?

Javi se encogió de hombros y levantó las cejas como toda respuesta.

—Ve probando a ver.

—Ok.

Javi se fue a lo suyo, y yo pensé que podía aprovechar el ratito muerto en hacer algo «productivo». Ehem. «Productivo», guiño, guiño.

Saqué mi agenda, eché un ojo al cuadro de extraescolares de los niños y un plan empezó a materializarse en mi cabeza. Y en otras partes de mi cuerpo menos racionales.

Bien: haciendo un esfuerzo organizativo importante esta semana podría apañarme para ir un ratito al gimnasio todos los días, aunque Dero esté de tarde. Puedo pedirle a mi madre que me eche un cable, solo esta semana. Y el viernes Maya puede saltarse *ballet,* los dejo con la abuela después de comer y yo voy a la peluquería a ponerme el pelo normal, voy a depilarme entera otra vez y luego me pongo toda mona. Reservo una mesa para cenar a las once para que a Dero le dé tiempo a pasar por casa después de trabajar y…

Empecé a fantasear. A lo mejor Dero pasaba por casa para ducharse antes de la cena, y no estaban los niños y nos podía la pasión y ya no íbamos a cenar ni nada, sino que nos pasábamos la noche entera haciendo el amor.

¿Podrán quedarse los niños a dormir en casa de mi madre? Ay, me da un poquito de pena por Teo… Pide tanta teta aún… No, no. A dormir mejor no. A ver, vamos a reservar mesa.

Como el día del *sushi* no nos había salido muy bien, preferí cambiar de escenario. Pensé en comida mexicana, pero luego caí en que quizá ponernos hasta arriba de picante no era la mejor previa a una noche de amor. Italiano podría estar bien, así yo me pediría una ensalada *caprese* ligerita y luego estaría lista para darlo todo. Empecé a imaginarme, después de una semana entera yendo al gimnasio, controlando lo que como, sintiéndome supersexi el viernes noche, embadurnada en geles de sabores dentro del pijama sexi. Sí, señor. Planazo.

Entré en Google para buscar el teléfono del Pinocchio, el restaurante italiano donde Dero y yo habíamos tenido nuestra primera cita para cenar. Bueno, la segunda, que la primera había sido en un kebab muy chungo de la zona de copas. Tenía el teléfono delante cuando apareció Vicente otra vez:

—¿Ya está listo, Paz?

Joder, Vicente, ¡vaya susto! ¿Pero no me habías dicho que fuera yo a por ti?

—No, Vicente, aún no. He tenido un problemín técnico.

Vicente miró a mi monitor y yo deseé que me tragara la tierra, porque era evidente que estaba haciendo algo personal. Pero Vicente no dijo nada.

—Procura no tardar que he quedado con los de la televisión en que se lo mandaba pronto esta semana, que sale el jueves.

Vicente se fue, y yo seguí a lo mío. Reservé mesa en Pinocchio, y pensando en la comida me acordé de los niños y el comedor.

Ay, madre...

Le mandé un wasap a Dero:

> *Amore, has avisado en el cole de que los niños*
> *se quedan esta semana en el comedor?*

Escribiendo…

Para.

Escribiendo…

Para.

Escribiendo…

Llamo ahora para avisar

Joder, Didier...

> **Pásame el teléfono del cole**
>
> > *Ahora te lo mando*
> > *Y diles QUE ES MUY IMPORTANTE, DERO,*
> > *que alguien avise, por favor, a los*
> > *niños,*
> > *que la última vez Maya se puso triste*
>
> **Ok**

Le mandé el teléfono del cole y volví a intentar entrar en el banco de música. Me dio error otra vez. Aproveché para llamar al Crème Vanille y pedir cita para depilarme y a la peluquería para que Sara me pusiera el pelo normal otra vez. Increíble mi suerte: me dieron cita para las cinco y las siete respectivamente. ¡No podía salir todo más redondo!

Probé otra vez el banco de música. Error. Llamé a mi madre y, para su gran alegría, le conté que esta semana tengo intención de ir al gimnasio todos los días y que tengo plan para el viernes, que incluye no solo una cena con mi marido, sino también peluquería y depilación. Para la mujer era como si hubiera venido Papá Noel.

—Sí, mujer, ¡yo te los cuido! ¡Claro que sí! ¿Me los traes hoy ya?

—Hoy te llevo solo a Teo. Te lo dejo ahí sobre las cuatro y cuarto, luego Gabi y Maya tienen patinaje hasta las seis, después de recogerlos a ellos paso a por Teo.

—Muy bien, muy bien —ella me decía «muy bien», yo sabía que no se estaba enterando de líos de horarios y que le bastaba saber que esta tarde se quedaría en casa y ya—. ¿Te preparo merienda?

—No, no, mamá. Voy a ver si esta semana consigo controlar un poquito lo que como. Te veo luego.

Colgué contenta.

Estupendo. Todo marcha.

Volví a entrar en el banco de música. Volvió a darme error.

—Javi —le dije a mi compañero—, esto sigue sin dejarme entrar. ¿Es normal?

—Podría ser normal… O no serlo. ¿Se lo has comentado a Vicente?

—Pues no.

—Díselo a ver. A lo mejor ha cambiado el usuario.

Fui a ver a Vicente para exponerle mi problema.

—Vicente, es que no puedo terminar el anuncio porque me falta meter la música, pero el banco de música no me deja entrar. Me dice «usuario no válido». ¿Sabes si se habrá cambiado el usuario o algo?

—¿El banco de música?

—Sí.

—¿Qué banco?

Ay, madre, este tío es tonto.

—El de MusicXads.

—Ah, ya… Pues ni idea.

—Pues es que si no entro no puedo terminar el anuncio, Vicente…

—¿Y otro banco?

Ay, madre.

—Me iba a llevar mucho tiempo, Vicente. En MusicXads ya tengo localizados los archivos… Solo tengo que conseguir entrar.

—¿Le has preguntado a Javi?

—Sí, y que no sabe qué pasa.

—Pues no te puedo ayudar.

Pues estamos apañaos, Vicente.

—¿Y qué hago?

—No sé. Pregúntale a Lucía a ver si sabe algo, que lleva ella las suscripciones.

Me fui a ver a Lucía, sin muchas esperanzas. Le conté lo que me pasaba, y me llevé una sorpresa:

—Es que esa suscripción está dada de baja.

¡¿QUÉ?!

—¿Desde cuándo?

—Pues desde hoy, supongo. Tramité la baja el viernes.

—¿Por qué?

—Porque me lo mandó Vicente, que dice que no lo usa nadie y que es un gasto. Dimos de baja como una docena de suscripciones de este tipo.

JODER, VICENTE, JODER. NO SE PUEDE SER MÁS INÚTIL, COÑO.

—Vale.

El resto de la mañana fue un paseo constante entre la mesa de Vicente, la de Lucía y la mía para arreglar el desaguisado y, al final, a pesar de que Lucía decía que lo había vuelto a dar de alta, aquello seguía sin dejarme entrar.

Usuario no válido

No pasa nada. Esto es solo un pequeño imprevisto. Terminaré el trabajo mañana. Tengo tiempo.

* * * *

Recogí a Teo a las dos y cuarto, fui a comer a casa con él y preparé mi bolsa para el gimnasio y la de patinaje de Gabi y Maya. Un poco antes de las cuatro recogí a los mayores en el colegio, y Gabi tuvo a bien informarme de que su amigo Mario los ha invitado, a él y a Maya, a su cumple, que es este jueves.

Vaya por dios, tendré que perder un día de gimnasio.

Me giré para preguntarle a Maya si tenía ganas de ir al cumple, y en cuanto le vi la carita supe que algo no iba bien.

—¿Estás bien, Lluvia?

—Me llamo Enia.

—Perdón, Enia, ¿estás bien?

—No.

—¿Qué te pasa?

—¿Por qué no nos dijisteis que hoy nos quedábamos en el comedor?

—Papá llamó esta mañana para avisar al cole, pedimos que os lo dijeran… ¿No os avisaron?

—Sí, pero yo quería que me lo dijeras tú…

Joder…

—Perdón, Enia…

Abracé a mi hija, dejé a Teo con su abuela y a los mayores en patinaje, y me fui al gimnasio sintiéndome muy culpable por no haberme acordado antes de decirles que esta semana tocaba comedor.

La verdad es que el ratito de hoy en el *gym* fue superagradable. Borja me animó a probar otra vez con *bodypump*.

—La primera siempre es la más difícil —me dijo.

Y la verdad es que hoy me desenvolví mejor. Por lo menos ya sabía que tenía que prepararme yo el material y no hice el ridículo nada más entrar en la sala. Además, había menos gente, y me lo tomé con más calma. Cuando la clase terminó era hora de ir corriendo a buscar a Gabi y Maya, así que tuve que saltarme la ducha y largarme de allí apestando como un bisonte hiperciclado y sudoroso. *Pero, bueno, un mal menor, no pasa nada.*

O no pasaba nada hasta que entré por la puerta de casa de mi madre a buscar a Teo y arrugó la nariz como si toda yo estuviera recubierta de marisco en mal estado.

—Hija, no puedes ir así por la calle. Dúchate aquí si quieres.

—Que no, mamá, que tenemos que ir a casa.

—¿No quieren merendar los niños? ¿Les hago un Cola Cao?

Esa fue una pregunta a traición, porque los niños estaban delante.

—¡Sí, sí! ¡Porfa!

—Pero que nos tenemos que ir…

—Bueno, mujer —dijo mi madre ignorándome por completo y pasando a sus nietos hacia la cocina—. Tener tienen que merendar. Qué más da allí que aquí.

Lo único que supera la lógica aplastante de un niño es la lógica aplastante de una abuela dispuesta a ignorarte.

—Venga —me dijo—, merienda tú algo también.

—No, mamá, quiero controlarme un poquito.

—¿Quieres una magdalena?

Madre, ¿ha perdido usted la capacidad de entender el castellano?

—Que no, mamá.

—Pero estas no son de bolsa, ¿eh? Son de la panadería, no engordan.

A ti te voy a comer, madre.

—Mamá, no tengo pruebas empíricas aquí a mano, pero estoy casi segura de que la mantequilla y el azúcar engordan lo mismo, ¿eh?

—Pero estas son sanas.

—Que no, mamá, que no quiero una magdalena. Venga, a ver si meriendan pronto que nos tenemos que ir.

Hora y media merendando. Para cuando los despegué de los tentáculos de su abuela cebadora, cogimos el coche, aparcamos y llegamos a casa, eran casi las ocho y media. Y el baño de los niños va delante del de una, así que bañarlos a ellos tres y darles la cena.

¿Pero cómo es que ya estamos cenando si acabamos de merendar? ¿Qué broma es esta?

Cuando Dero llegó de trabajar nos encontró cenando. Ellos macarrones y yo una ligerísima y deliciosa ensalada.

—¿A qué huele?

—Serán los macarrones —dije, disimulando.

—No, no… —dijo Dero, olfateando el aire—. Huele como a vestuario de *hooligans*.

—Soy yo, Didier… Que no he tenido tiempo de ducharme.

—Pero si una ducha son cinco minutos, Paz, qué dices.

—Bueno, ¿vas a cenar con nosotros o vas a quedarte ahí diciéndome que huelo mal?

—No, no, *amore*. Puedo decirte que hueles mal mientras ceno, no tengo problema.

Mi adorable gilipollas…

Teo cayó rendido después de cenar, y mientras los niños veían un poco la tele, Dero y yo nos pusimos a recoger la cocina. Yo estaba fregando los platos y Didier se me acercó por detrás:

—Cari… —susurró.

—Qué… —respondí.

—¿Por qué no dejas esto y vas a ducharte?

Te veo venir, Didier, je, je, je.

—¿Tienes algún interés particular en que me duche?

—Sí, no quiero que se pegue la peste a las cortinas.

—Tú eres idiota.

—Que no, *amore* —dijo, abrazándome fuerte por la cintura—. Que así te relajas, y luego si quieres te doy un masaje de esos guais…

—¿Con erótico resultado?

—Sí.

—Venga.

Me giré y le di un beso fuerte.

—¿Duermes tú a los mayores?

—Claro.

Me fui a la ducha y me lo tomé con calma. Al fin y al cabo, Dero aún tenía que fregar los platos, recoger la cocina y dormir a los niños. Así que me di una ducha tranquila, con acondicionador para el pelo y todo, salí, me quité un par de puntos negros de la nariz, me examiné en el espejo intentando ver los resultados de mis tres días en el gimnasio, me sequé el pelo…

No cometeré el mismo error dos veces. Puede que tenga planazo para el viernes, pero llevo más de un mes sin echar un polvo y no voy a dejar pasar la oportunidad. Tengo ganas contenidas como para estar diez días seguidos dándole. Así que me revolví el pelo, me puse el albornoz, me coloqué las tetas y salí en busca de mi marido…

Que no estaba en el salón…

Ni en la cocina…

Ni en el dormitorio.

Estaba dormido, en la litera, junto a su hijo mayor.

Me acerqué de puntillas para no hacer ruido y le sacudí un pie.

—Dero —dije en susurros—. ¡Dero!

Pero Dero, alias Yo No Duermo, Yo Entro En Coma, no respondió.

Suspiré, resignada.

Era mucho pedirle a un lunes.

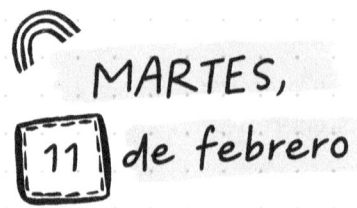

MARTES, 11 de febrero

Tres días para San Valentín

Le di teta a Teo en la escalera de la escuelita, mientras Carla esperaba paciente para cogerlo en brazos y llevárselo dentro.

—Oye, Paz, aquella novela que me dijiste que estabas leyendo…

¿De qué me está hablando esta mujer? ¿Qué novela?

—¿Cuál?

—Una creo que de Terry Pratchett, ¿puede ser?

—Ah, sí, sí, *Los pequeños hombres libres.* Dime.

—Es que estoy mirando algo para regalarle a mi novia, que le encanta la fantasía. ¿Qué tal está?

—Pues, mira, no lo sé. Llevo más de un mes sin tocarla. Aprovechaba el ratito en bus al trabajo, pero desde que voy en coche… Pues no saco tiempo para leer. Pero, vamos, que te la recomiendo igual. La dejé en la mitad y me estaba gustando mucho.

—Ah, genial. Gracias, Paz.

Teo soltó la teta y lo dejé en brazos de Carla, a punto de romper a llorar.

—Oye, Paz… —Apretó los labios—. Creo que Marisol quiere hablar contigo.

—¡¿Otra vez?!

Carla puso cara de vergüenza ajena.

—Sí, otra vez.

—Vale —suspiré—. Bueno. Ya veremos.

Besé a mi bebé y me fui a trabajar.

* * * *

Vicente me esperaba junto a mi mesa.

—¿Cómo va?

Pero cómo que «cómo va», Vicente, si ayer me fui de aquí y esa mierda seguía sin dejarme entrar, que estabas delante, que lo viste. Pues como va a ir, Vicente, pues…

—Igual.

—¿Pero cómo que igual, Paz? Esto tiene que salir el jueves y tenía que estar listo ya ayer.

Cómo le explico yo a este zoquete que esto estaría hecho si no fuera porque decidió dar de baja la herramienta que yo necesitaba justo cuando me hacía falta.

—Voy a ver si ya me deja acceder al banco de música, Vicente. Si me deja entrar no tardo nada, en media hora está listo. Pero tengo que poder entrar.

—Venga, pues ponte a ello ya.

Me senté en la mesa bastante intranquila. Encendí el ordenador y, en cuanto la pantalla estuvo operativa, me fui al navegador e intenté entrar en el banco.

Usuario no válido

Me cago en mi calavera. Voy a hablar con Lucía.

Pero Lucía no entendía qué pasaba, Javier no entendía qué pasaba, nadie entendía por qué coño aquello no funcionaba y, al final, como todo el mundo estaba ocupado y la que necesitaba que aquello funcionara era yo, me tuve que poner al teléfono con el servicio técnico.

Después de casi una hora con «Teresa de atención al cliente», descubrieron el error:

—Al parecer, la pasarela de pago se ha quedado «enganchada», señora Noriega, y el pago de la cuota no aparece reflejado en el sistema. Ese es el motivo de que no se haya reactivado la suscripción.

—Ah, pues qué bien, ¿no? ¿Me la puedes activar, entonces?

—Mire, yo lo que puedo hacer es abrirle una incidencia y pasárselo al equipo técnico para que haga la activación de manera manual.

—Ah, estupendo. ¿Y tardan mucho?

—Entre dos y cinco días hábiles.

¡¡¿¿¿CÓMO??!!

—¿Perdona?

—Entre dos y cinco días hábiles es el periodo más habitual, señora Noriega.

—Mira, no puedo esperar tanto, es que lo necesito ya.

—Mire, señora Noriega, es que es el procedimiento habitual. —*Me cago en tu padre, Teresa, y en el procedimiento habitual. ¡NECESITO ESTO YA!* —. Si quiere usted lo que puede hacer es dar de alta un nuevo usuario y luego cursar una reclamación para que le devuelvan el importe de una de las cuotas.

Me cago en mi vida, Tere... Qué me estás contando...

—Entonces tengo que dar un alta nueva si lo quiero tener hoy. ¿Es eso?

—Efectivamente, señora Noriega.

Deja de llamarme señora Noriega, Tere, que me estás poniendo del hígado.

—Vale, pues damos un alta nueva.

—Perfecto, señora Noriega. —*Respira, Paz*—. Enseguida le hago el trámite.

Cuarenta y cinco euros. Cuarenta y cinco pavazos que tuve que abonar con mi preciosa tarjeta de crédito para que me dieran un alta nueva que, a la postre, tardó otra hora más en hacerse efectiva porque el «*email* con los datos de acceso que recibirá en los próximos minutos» tardó exactamente cincuenta y siete minutos en llegar. «En los próximos minutos». Su padre.

Diez minutos antes de las dos, Vicente apareció por mi mesa.

—¿Ya has terminado, Paz?

—No he podido, Vicente, acabo de poder acceder al banco de música. He tenido que dar un alta nueva porque con la otra hubo una incidencia y tardarán unos días en solucionarlo.

—¿Un alta nueva? ¿Y eso quién lo paga?

Hostia, Vicente... No me jodas...

—Pues de momento lo he pagado yo. Me han dicho que luego se puede reclamar.

—Pues reclámalo porque yo no voy a pagar dos suscripciones.

—Ya, ya, Vicente. Lo comento con Lucía, si eso.

—Lucía no está para estas cosas.

Me quedé de plátano.

¿Y para qué está Lucía entonces, Vicente? Es más, ¿para qué coño sirves tú, exactamente?

—Paz, es hora de irnos y esto tenía que estar listo ayer. Dame lo que tengas que se lo paso todo a Amelio y que lo resuelva esta tarde.

¿QUE LE VAS A DAR MI OBRA A AMELIO? ¡ANTES MUERTA, VICENTE!

—No, no, no, Vicente. Tranquilo, mira, es media hora lo que me va a llevar esto. Tú no te preocupes que lo hago yo esta tarde en casa y mañana a primera hora te lo traigo.

—Paz, tiene que ser a primera hora.

—Prometido, Vicente. A primera hora.

Hice un repaso mental a lo que tenía por delante. *Tengo que recoger a Teo a las dos y cuarto y a los mayores a las cuatro. Maya tiene pintura de cinco y media a siete. ¡Mierda! Olvidé pedirle a Dero que comprara el regalo para el cumple de Mario... Bueno, no importa, puede comprarlo mañana, así yo esta tarde dejo a Gabi y Teo con mi madre y puedo ir al gimnasio... Nada, por la noche, en cuanto todos duerman me pongo. No me va a llevar más de media hora. No hay problema.*

* * * *

La tarde fue como la seda: Marisol no apareció por la puerta de la escuelita, comí a gusto y tranquila con el bebé, recogí a los mayores a las cuatro y, después de dudar si patear el barrio con ellos en busca de un regalo para Mario o aprovechar para ir un rato al parque, el parque ganó por aplastante mayoría. Ya irá Dero a por el regalo mañana por la mañana.

Luego dejé a Teo y Gabi con mi madre, a Maya en pintura y yo me fui al gimnasio. Hoy fue divertidísimo porque fui con una monitora muy cañera a una clase que se llama *bodycombat* que, mira, ejercicio no sé si haría, pero lo que me reí no tiene precio. Es una clase que consiste en pelearte con un oponente imaginario, que nos decía la monitora: «¡Imaginad que le estáis dando en la barbilla!», y el mío en un golpe medía uno cuarenta y en el siguiente dos metros diez. Ahora, sería imaginario, pero me pegó una paliza, porque salí de ahí doblada. Eso sí: sintiéndome liviana y orgullosa. Hasta me comí una sana manzana en casa de mi madre cuando fui a recoger a los niños.

Me sentía poderosa y capaz de todo. Solo tenía que dar la cena a los niños y ponerme con el vídeo para el anuncio. Pero eso estaba tirado. Media hora. No más.

* * * *

Didier llegó justo cuando acabábamos de poner la cena en la mesa.

—Luego voy a acabar una cosa urgente del curro, Dero, que la tengo que entregar mañana a primera hora.

Dero me miró con cara de susto, el muy idiota. Ni que le hubiera dicho que me iba a ir de copas.

—¿Otra vez?

—Ha sido un imprevisto. El banco de música nos dio un error y no pude hacerlo allí, pero es rápido. Si me concentro, en media hora lo tengo listo. ¿Te ocupas tú de acostar a los peques?

—¿Sacas tú a Ronin?

—Claro.

Así que terminamos de cenar, yo saqué a Ronin mientras Dero limpiaba la cocina y cuando volví a casa él ya se estaba ocupando de pijamas, pises, besos, cuentos, vasos de leche y lo que hiciera falta.

Encendí el ordenador y el banco de datos me dejó acceder a la primera. Fui directamente al directorio donde sabía que estaban los archivos que necesitaba y los localicé al primer vistazo. Le di al botón de descarga, salió un circulito indicando que algo estaba cargando y entonces apareció un mensaje:

Es necesario actualizar el códec de su tarjeta de sonido

Vale, pesao, que sí.

Le di a actualizar.

Sí. La inercia es una cosa peligrosa. Tú has hecho algo tantas veces, lo tienes tan completamente mecanizado, que una interrupción en el momento oportuno te desmonta todo el engranaje.

Una ventana apareció en pantalla y en ese mismo momento Maya apareció por sorpresa a mi izquierda:

—¡Mamá! ¿A que estos rotus me los regaló a mí abuelita?

Y le di a aceptar.

Me giré a mirar a Maya.

—Enia, esos rotus abuelita te los dio a ti y te dijo que eran para los tres.

—¡Pero me los dio a mí!

—Cariño, ve a hablarlo con papi, por favor, que estoy haciendo algo.

Me volví a girar para mirar la pantalla: un reloj terminaba la cuenta atrás para reiniciar el equipo. Y entonces caí:

¿Qué coño acabo de aceptar?

El ordenador se apagó…

Se encendió…

Y se murió.

No funcionaba nada: ni teclado, ni ratón ni CTRL + Z + SUPR. Apreté en la torre el botón de reseteo. Se reinició. Igual. Aquello no me dejaba hacer absolutamente nada.

No. NO. ¡NO, NO, NO, NO, NO, NO, NO! ¡MIERDA! ¡AHORA NO! Ay, por diosa, ¿qué coño he hecho?

Me tiré de los pelos. Quería llorar. Le daba a resetear una y otra vez, confiando en que alguna de las veces volviera a funcionar todo mágicamente. Apagar, encender, apagar, encender.

Funciona, por favor, funciona…

Veinte minutos de desesperación completa y absoluta. Tenía que estar terminando el trabajo, y mi ordenador estaba muerto. Eran las once menos diez de la noche. En mi desolación, hice lo único que podía hacer: pedir ayuda «a mi amigo el informático». Javi, el del curro.

Le mandé un wasap:

> *Javi, socorro, me voy a morir*

Qué te pasa, Paz
Qué ha pasado

> *El ordenador, se me ha muerto,*
> *pero muerto muerto*
> *Y mañana tengo que entregar el*
> *anuncio a primera hora*
> *Me van a echar, Javi,*
> *de esta me echan*

A ver, Paz, tranquila, seguro que tiene
arreglo
Qué es lo último que hiciste antes de
que se muriera?

> *Una actualización*

Y luego qué?

> *Se reinició*

Y no funciona nada?

> *No*

Has probado a volver a reiniciar?

Te mato, Javier.

> *Claro que sí, Javi,*
> *si es lo único que sé hacer*

Vale, tranquila

¡¿PERO CÓMO VOY A ESTAR TRANQUILA, JAVIER, QUE ME VAN A DESPEDIR?! Lloro. Lloro muy fuerte.

Vale

No te van a echar

Vale

Tranquila que seguro que lo arreglamos, vale?

Vale

Javi empezó a darme instrucciones detalladas para reiniciar el equipo en «modo seguro» y empezar a cacharrear desde «las tripas» a ver si encontrábamos el fallo y podíamos repararlo.

Estaba en ello cuando Didier apareció por el salón.

—Ya están todos dormidos.

—Tengo un lío gordísimo, Dero. Me he cargado el PC.

—¿Pero has podido terminar lo que tenías que hacer?

—No he podido ni empezar.

Dero bufó y puso mala cara.

—¿Y tienes para mucho ahí?

—No lo sé. Primero tengo que arreglar el estropicio. Me está ayudando Javi por WhatsApp.

—Joder, Paz.

¿Perdona? ¿Como que «joder, Paz»?

—«Joder, Paz», ¿qué?

—Que es tardísimo, Paz. ¿No lo puedes hacer mañana?

No me lo puedo creer.

—No, Didier, no lo puedo hacer mañana. Si lo pudiera hacer mañana no estaría aquí desesperada peleándome con esta puta mierda.

—Joder.

—PERO JODER, QUÉ, DIDIER.

—Estás siempre igual: primero fue el curso ese, luego que si una novela, ahora esto.

—¿Y qué sugieres que haga, Didier?

—Pues o te están explotando o te organizas fatal en el curro.

PERDONA, DIDIER, ¿QUÉ COÑO ME ACABAS DE DECIR?

—Perdona, ¿QUÉ?

—Vamos a ver, Paz, si estás con jornada reducida y te tienes que estar trayendo trabajo a casa constantemente, pues entonces no estás con jornada reducida, te estás trayendo toda la mierda aquí. Y pediste jornada reducida porque tienes tres hijos y se supone que una vida fuera del trabajo, ¿o no?

—¿Y QUÉ QUIERES QUE HAGA, DIDIER?

—NO LO SÉ, PAZ, NO LO SÉ, PERO NO PUEDE BAILAR LA FAMILIA ENTERA ALREDEDOR DE TU TRABAJO, ¿ESO NO LO ENTIENDES?

—BUENO, ¿Y QUÉ HAGO? ¿LO DEJO? ¿DEJO EL CURRO, DIDIER?

—¿Y NO PUEDES HABLAR CON VICENTE Y PARARLE LOS PIES?

—¡QUE NO ES ESO, DIDIER! ¡QUE HA SIDO UN CONTRATIEMPO!

—¡JODER, ME CAGO EN TODO, SIEMPRE HAY ALGÚN CONTRATIEMPO, PAZ! ¡Y AL FINAL LO PAGAMOS EN CASA!

—¡NO PAGAMOS NADA, DIDIER, ES TRABAJO, HA SIDO UN FALLO! ¿QUÉ HAGO? ¿LO MANDO A LA MIERDA?

—No, Paz, no, ¿sabes qué? No hagas nada. Sigue ahí esperando que todos bailemos alrededor de lo que tú necesitas.

—¿PERDONA? ¿LO QUE «YO» NECESITO? ¡PERO QUÉ ME ESTÁS CONTANDO, DIDIER, SI NO PUEDO NI CAGAR CUANDO QUIERO! SI AQUÍ TODO EL PUTO MUNDO ME PASA POR DELANTE, JODER, QUE NO PUEDO NI VER UNA PELI, NI LEER UN LIBRO… ¡NADA!

—Claro, Paz, tú no puedes hacer nada. No como yo, que me paso el día de bares y hago lo que me sale de los huevos.

—Vete a la mierda, Didier.

Dero apretó los dientes, se giró y se fue.

Yo me quedé allí plantada, encendida como una caldera a presión, mirando la puerta vacía y aguantando las ganas de gritar como si estuviera sola en mitad de un bosque y supiera que nadie podría oírme. Se me empezaron a caer lágrimas de pura impotencia. Mi móvil vibró.

Paz?
Sigues ahí?

Respiré profundo, notando cómo se me entrecortaba el aire, y me sequé los ojos con la mano.

Sí, Javi, perdona, me reclamaron los niños
Ya estoy

Venga, creo que ya sé lo que pasa
Esto nos va a llevar un rato, pero tranquila,
que si tú quieres hacerlo ya, yo me quedo
el tiempo que haga falta y mañana lo entregas

Gracias, Javi,
no te haces una idea del favor que me haces

Tardamos horas en conseguir que funcionara. Luego encontramos una alternativa para poder trabajar con el banco de música sin tener que actualizar nada. Y, finalmente, terminé el vídeo. Me fui a la cama pasadas las tres de la madrugada y hundí la cabeza en la almohada, demasiado cansada para ponerme a llorar.

MIÉRCOLES, 12 de febrero

Dos días para San Valentín

En el tiempo que compartimos durante el desayuno, Didier y yo no nos dirigimos la palabra. De hecho, cuando él entró en la cocina y me encontró fregando unos vasos de la cena de anoche, se quedó mirándome un pequeño rato desde la puerta, como si estuviera pensando en decirme algo o esperando a que le devolviera la mirada, pero yo me sentía muy enfadada y no aparté la vista del fregadero, así que él se puso a lo suyo y, al final, ni siquiera nos miramos.

Es curioso porque los niños ni siquiera se dieron cuenta de que su padre y yo no nos hablábamos directamente. Aunque recién levantados tampoco tengo claro si sabrían distinguir entre sus cereales y el pienso de la gata, así que...

Cuando llegué a la oficina, Vicente estaba sentado en su mesa, con la nariz metida en un montón de papeles. Me acerqué a él, derrotada, aunque orgullosa de haber terminado el trabajo.

—Ya está, Vicente.

—¿Ya está qué? —me respondió él, sin levantar la vista de sus papeles.

Joder, ya empezamos. El vídeo, Vicente, qué coño va a ser.

—El anuncio del Papalote, ya está listo.

—¿Dónde está? —dijo, aún sin mirarme.

—Lo subí a la nube, está en mi carpeta. Puedes verlo ya cuando quieras.

—Luego lo veo.

Me quedé de pie junto a su mesa, esperando algo más, aunque no sabía muy bien qué. Tal vez un «qué bien», un «menos mal», un «vamos a verlo ahora mismo», un «gracias, Paz»… Pero el tío cipotón siguió sin mirarme a la cara. Esa mierda de vídeo casi me había costado el PC y el matrimonio, y el tío ni me miró a la cara…

Me cago en mi vida...

—¿Algo más, Paz? —dijo él, por supuesto, sin mirarme.

Sí, Vicente, que ¿sabes lo que te digo? Que te puedes ir a tomar por el culo. Que yo no dejo a mi bebé llorando todas las mañanas para aguantar esta mierda desagradecida. Que te follen.

—No, Vicente —dije, con una sonrisa formal—. Nada más.

Me fui a mi mesa y allí estaba Javi, mirándome con cara de pena.

—¿Qué tal, Paz? ¿Lo pudiste terminar?

—Sí, Javi. No te imaginas el favor que me hiciste ayer, titi. No sé cómo darte las gracias.

—Déjalo, Paz. Para mí también era un reto, me gustan esas cosas. ¿Me dejas ver el vídeo?

—Claro. Lo tienes en mi carpeta de Cloud.

Encendí el ordenador de mi puesto de trabajo y me quedé en blanco contemplando la pantalla.

¿Y ahora, qué hago con Didier? ¿Me pedirá perdón antes del viernes? Porque, vamos, ya puede venir él a pedirme perdón y currárselo bastante, porque se pasó muchísimo conmigo. Fue muy injusto. Joder, con el marrón que tenía encima, y venir él a ponerse así

conmigo… ¿Pero y qué hago? ¿Cancelo la reserva en el Pinocchio? ¿Y la depilación? ¿Y la pelu? No, no, Paz, no canceles nada. Seguro que esta noche se arregla todo.

Saqué la agenda para hacerme un croquis mental del plan de trabajo de hoy, y entonces vi anotado para mañana, en letras grandotas: CUMPLE DE MARIO.

¡MIEEEEERDAAAA! No le dije a Didier que comprara el regalo… ¿Y ahora? ¿Qué hago? ¿Le mando un wasap? No. No me da la gana. No quiero hablarle. Pero entonces… Bah, da igual, lo compraré yo esta tarde. A ver… Gabi tiene cocina de cinco a seis y media… ¿Me da tiempo a ir con los niños? Ays, jolín, no. No me da tiempo… Qué hago…

Mis opciones se reducían al sorprendente número de DOS: podía dejar a Teo y Maya con mi madre, Gabi en cocina, ir al gimnasio, recoger a Gabi y luego a los otros y después tendría una hora para ir corriendo con los tres a comprar un regalo antes de que las tiendas cerraran; o podía no ir al gimnasio e ir a comprar el regalo con calma.

Me había prometido a mí misma que esta semana haría un esfuerzo para ir al gimnasio todos los días, y mañana no podré a cuenta de la vida social de mis hijos… Le di una vuelta y, lo confieso, no me apetecía nada tener que hacer las cosas corriendo. Así que hoy no habrá gimnasio para Paz.

Cogí el teléfono y llamé a mi madre.

—¡Hola, hija! ¿A qué hora me los traes hoy?

—Hoy no te los llevo, mamá.

—¿Y eso? ¿Por qué no?

—Es que mañana tienen un cumpleaños y tenemos que ir esta tarde a comprar el regalo.

—Oohh… Qué pena. Les había comprado de esas magdalenas gordas de chocolate que les gustan tanto…

No me haga chantaje emocional, madre, que no le va a funcionar y encima me voy a sentir como la mierda.

—Seguro que aguantan buenas, mamá.

—¿Y no puede ir Didier a comprar el regalo?

Es que estoy enfadada con él y no quiero hablarle, madre.

—Es que les hace ilusión a los niños elegirlo ellos, vamos por la tarde.

—¿Quieres que te lo vaya a comprar yo?

¿Quiero? Ay, no había contemplado esta opción y no puedo introducir datos nuevos en el cerebro. No proceso.

—No, no, mami, gracias. Quieren elegirlo ellos.

—Pero los puedo llevar yo.

¡Que no me lleves la contraria, madre!

—Que no, mamá, de verdad.

—¿Pero entonces no vas al gimnasio?

Ay…

—No, mamá, no voy al gimnasio…

—¿Y mañana tampoco, no?

Ay…

—No, mamá, mañana tampoco.

—Mari Paz, siempre estás igual. —*Joder, ya tardaba*—. Mira lo que te ha durado el capricho. Tienes que organizarte mejor, hija, que es que no te dedicas nada de tiempo y cuidarse una misma es igual de necesario que cuidar a los demás.

Hoy no, mamá, por favor...

—Mami, gracias. Escucha...

—Es incluso más importante, porque si no tú das y das y das y a ti nunca te van a dar tanto como das tú, así que tienes que cuidarte.

JODER, MAMÁ, DÉJAME EN PAZ YA.

—Ya, mami, mira es que...

—¿Queréis venir a merendar?

Voy a llorar.

—No, mami, gracias. Te tengo que dejar que estoy en el trabajo y no están los ánimos para que me pillen con cosas personales.

—¿Has tenido algún problema?

¡Joder! ¿Cómo me las he apañado para empeorarlo?

—No, no, mamá, es en general. El jefe anda raro últimamente.

—Hija, cuida el trabajo que está la cosa muy fea como para andar jugando. Que mira que si te quedas sin trabajo...

Empecé a darme cabezazos contra la mesa.

—Ya, es lo que intento, mamá, por eso tengo que colgar.

—¿Y el viernes?

Ay, madre mía... MAMÁ, ¡QUE TENGO QUE COLGAR!

—¿Qué pasa el viernes, mamá?

—Que si me los traes.

Hostia... Pues...

—Sí, sí, mamá, si está todo igual. Es solo que el cumple de mañana me ha trastocado un poco la agenda, pero todo controlado. El viernes nos vemos, ¿vale?

—Vale. Si me necesitas antes me llamas, ¿eh?

—Claro, mami. Igualmente.

—Venga, nena. Te quiero mucho.

—Y yo, mamá.

—¡Y come bien!

—Que sí, mamá.

—Y si necesitas que te cuide a los niños me lo dices.

¡JODER, MAMÁ!

—Que sí, mami, sí. Venga, te dejo.

—Hale, venga. Hasta luego.

—*Ciao*, mami, *ciao*.

La forma de ser inmortal es llamar a mi madre por teléfono justo antes de morir y no morirte hasta que ella cuelgue. Se extinguen las cucarachas y vosotras todavía estáis despidiéndoos.

* * * *

Acordé con los niños que le regalarían a Mario un libro cada uno. Después de dejar a Gabi en cocina, cargué a Teo en la mochila y eché a andar con Maya.

—¿Vamos a ir a la librería de Rafa?

—Está un poco lejos para ir andando, cariño. Vamos a la de Noe, que está aquí al lado.

—¿La librería de Noe es la que está al lado de ese sitio que venden gofres?

Miré a mi hija de reojillo, porque a mi madre se la verá venir de lejos pero aquí a la peque la ves, la oyes y la hueles.

—Sí, esa.

Puso los ojos como platos y una sonrisa tan grande que casi le da la vuelta a la cabeza.

—¡¿Y podemos ir a merendar allí?!

—Es que…

—¡Porfaaaaaaaa!

Y empezó a emitir gemiditos como de gatito hambriento.

Suspiré.

—Vaaaale…

—¡Bien!

Así que, después de una soberana pateada con el bebé en la mochila hasta la librería de mi amiga Noe, me tocó tomarme un té mientras contemplaba cómo mi adorada hija mediana se zampaba delante de mí un gofre con extra extra extra chocolate. Que la pateada y mi momento de no-gofre me convalida la tarde de gimnasio, pero…

Camión, mátame pronto…

* * * *

Los niños y yo cenamos temprano y cuando Dero llegó ya estábamos a punto de meternos en la cama. Me fui a la cocina a fregar los platos mientras él daba las buenas noches a los niños, y luego se acercó y se apoyó en la encimera en un gesto de «bueno, qué, ¿vamos a hablar ya?».

Dero, te pasaste muchísimo. Estaba currando. No me merecía que vinieras protestando de esa forma. No es justo.

Pero en lugar de decirle todo eso, seguí fregando los platos en silencio. Dero finalmente se incorporó, cogió algo para comer del armario de las mierdas azucaradas y se fue al salón. Y yo, en cuanto terminé, me fui a dar las buenas noches a los niños y a dormir.

Y, así, acabamos el día como lo habíamos empezado: sin hablarnos y sin haber cruzado una sola mirada.

JUEVES, 13 de febrero

Un día para San Valentín

Existe una razón por la que en la Edad Media se empleaban métodos de tortura como el potro, la doncella de hierro o la cuna de Judas, y esa razón es que por entonces aún a ninguna mente perturbada se le había ocurrido comercializar los cumpleaños infantiles.

«¿Que tú eres un hereje? Pues mira, *salao*, me vas a organizar un cumpleaños para veintitrés criaturas de entre siete y once años. Hay un niño que le tiene miedo a los payasos, una niña sensible a los ruidos fuertes, dos celíacos y una alérgica a los frutos secos. A once les gusta el deporte y los otros doce son más de manualidades. Y el cumpleañero quiere la fiesta temática de unos dibujos de anime que solo se emiten en Japón. Ah, y no te olvides de prepararles paquetitos de chuches para todos, que no queremos quedar como unos ratas». Te digo yo que se hubieran quedado sin pecadores en dos meses. **No anduvo fina la Inquisición ahí.**

Hay algo que me molesta profundamente en convertir los cumpleaños de los niños en una fiesta de popularidad, a ver quién hace lo más nuevo, lo más original, lo más *cool* o lo que sea. Y luego la putada, cuando invitan a tus hijos a un sitio superchulo y supercaro y después tus hijos te suplican que su próximo cumple lo quieren celebrar allí. Que te dan ganas de decirles a los padres: «Pues nosotros el próximo cumpleaños lo vamos a celebrar en Disneylandia y vais a tener que traer a vuestros hijos y os vais a joder».

Cuatro horas.

Y una, que ya es madre experimentada y lo ve venir, se mete en el bolso un blíster de paracetamoles de contrabando, una bolsa de juguetes del bebé y el móvil a tope de batería y hasta dos capítulos de Pocoyó descargados por si no hubiera cobertura ni wifi. Y ni aun así.

Cuatro horas de cumpleaños infantil, con una veintena de niños corriendo y gritando en torno a mi dolor de cabeza, que me tomé dos paracetamoles y ni con esas; cargando con un bebé de un año y medio que quiere ir a jugar con las cosas, pero no puede porque es a partir de cuatro años y no le interesan lo más mínimo sus juguetes ni tu móvil, porque él lo que quiere es ir con sus hermanos y no hace más que retorcerse y protestar; viendo un montón de parejas de padres del cole aparentemente felices después de otra mañana de silencio sepulcral con tu marido, pero en la que, encima, él ni siquiera ha hecho la tentativa de acercarse a ti como hizo ayer; y haciendo de tripas corazón porque han puesto MESA DE MERIENDA PARA PADRES y tú estás ahí viendo cómo todo el mundo se pone hasta el culo de tortilla de patata y miniperritos calientes que te encantan, y tú aguantas porque te habías propuesto ir al gimnasio todos los días y cuidar lo que comes, y ya que no vas al gimnasio pues al menos intentas no ponerte cerda de porquerías precocinadas.

—Mamáááááá —Maya apareció llorando.

—¿Qué ha pasado? —Salí de mi encabronamiento y volví cansada a la realidad, dejé a Teo en el suelo y me giré hacia Maya.

—¡Que Gabi me ha empujado!

—Vaya… ¿Quieres que hable con él?

—Sí, y quiero que le digas que me deje en paz.

—Pero vamos a ver, Enia, ¿te ha empujado a propósito?

—Sí.

—¿Seguro?

—Sí… No lo sé… Bueno es que quería pasar por donde estaba yo y me empujó.

—¿Tú le estabas dejando pasar? —Mi hija mediana apretó los morritos con su expresión de «ops, me han pillado»—. ¿Enia? —Y sacudió la cabeza para decirme que no—. Vale. Vamos a hablar con Gabi. —Me incliné para coger a Teo y…—. ¡¡¿DÓNDE ESTÁ TEO?!!

Vale, por favor, mi medalla a madre ejemplar del año me la mandáis a mi domicilio habitual en horario de ocho a tres.

Perdí a mi bebé en un centro infantil, el mismo bebé que no come y ha paseado sus piojos por delante de la cara del pediatra, y tardé varios minutos en localizarlo. Bueno, no sé si fueron minutos: puede que fueran segundos u horas, no tengo ni idea, en realidad, porque la adrenalina me subió a niveles que yo no sabía que el cuerpo humano estaba preparado para soportar. Tres hijos, tres, y nunca había perdido a ninguno. Mi pesadilla recurrente se estaba haciendo realidad. Habría tragado saliva nerviosa, de no ser porque tenía el corazón atravesado **EN MITAD DE LA PUTA GARGANTA.**

Socorro. Ya está. Me van a quitar a mis hijos y es lo mejor que les puede pasar porque soy la peor madre del planeta, joder. ¡¡¡¡¿DÓNDE ESTÁ MI BEBÉ?!!!!!

Y de pronto vi sus rizos, a escasos tres metros de mí, asomando tras las piernas de una camarera que acababa de llegar.

—¡TEO!

Y fui corriendo hacia él. Lo levanté en brazos y lo abracé como si llevara sin verlo dos meses. Ahora entiendo a mi perro.

Ay, madre mía, qué puta angustia, joder.

—Mamá…

—Dime, Maya —dije, recuperando lentamente la capacidad de tragar saliva.

—¿Hablas con Gabi o no?

—Sí, hija, sí. Vamos.

Cuatro horas.

Cuatro.

No, no anduvo fina la Inquisición.

* * * *

Las nueve de la noche no es una hora razonable para acabar un cumpleaños infantil. Nuestro próximo cumpleaños lo vamos a celebrar en Disneylandia y luego vamos a llevar a los niños de *after*. Pero con Mickey no, que es un pusilánime: los vamos a llevar de *after* con Donald que es un macarra. *Pa* que se caguen los demás padres.

Llegué a casa casi a las diez de la noche, con dos niños hiperazucarados que juraban tener hambre y un bebé que se había dormido en el coche y ahora estaba hiperactivo.

Socorro.

Arrastré los pies por la cocina para hacerles la cena mientras ellos se ponían el pijama. En un alarde de lo estupenda madre que soy, les hice macarrones con tomate. A mí la cabeza me dolía tanto que ni siquiera tenía hambre. Me preguntaba si podría tomar más paracetamol sin que la dosis fuera letal, porque una amiga química me había contado una vez que la dosis tóxica era de solo unos pocos gramos, aunque no recordaba cuántos. ¿Dos? ¿Tres?

Los niños estaban cenando cuando Didier entró por la puerta. Se dirigió directamente a ellos, los saludó, les preguntó qué tal el cumple...

Yo estoy bien, Didier, gracias por preguntar. Mi cara de orco de las cavernas ojeroso y enrabiado es porque estoy de puta madre. ¿Sabes qué? Que a la mierda: me voy a la cama. Apáñate tú solo, que ya eres mayor.

Y, sin más, besé a mis tres hijos, les deseé buenas noches y me metí en la cama.

VIERNES, 14 de febrero

Puto San Valentín de mierda

Arrastré los pies a la cocina. Me tomé un café que no me molesté en calentar. Oí cómo mi familia iba levantándose y empezaba a preparar también su día. Mi cepillo de dientes no tenía batería, había unos calzoncillos y un par de calcetines entre los cojines del sofá y vi a Didier llevarles a los niños un chándal para que se vistieran. Iba a decirle que era viernes y ninguno tenía gimnasia, pero qué más da. No se iban a morir por ir en chándal.

Cuando al salir de casa, Dero y yo seguíamos sin hablarnos, supe que, definitivamente, mi plan de San Valentín se había ido a la mierda. Tendría que cancelarlo todo.

Llevé a Teo a la escuelita y Carla lo recogió con cariño.

—Paz, no quiero importunarte, pero no tienes buena cara. ¿Estás bien?

Vaya por dios, soy un libro abierto.

—Sí, Carla. Es que no he pasado buena noche.

—Vaya. Oye, me pidió Marisol que te dijera que si puedes esperar un momentito, que quiere hablar contigo.

Uf, no. Ni de coña. No quiero hoy verle la cara a Marisol ni en foto.

—No puedo, Carla. Ni quiero tampoco, la verdad. Me tengo que ir a trabajar.

—Vale. No te preocupes que yo se lo digo —y se interrumpió, divertida—. Bueno, lo de que no quieres no, que te tenías que ir.

—Vale, gracias.

Abracé fuerte a mi bebé y me fui al trabajo.

Se ve que hoy había un colegio de la zona que hacía una fiesta de San Valentín para las familias, y estaban todas las calles por donde yo suelo aparcar atestadas. Por fin, vislumbré un coche aparcando en batería y, a su lado, un sitio libre. Pisé el acelerador y al llegar a su altura vi que no podía aparcar porque el tipo había dejado su coche con las ruedas atravesadas y ocupaba las dos plazas. Aprovechando que él salía de su coche, bajé la ventanilla y sonreí educada:

—¡Oye, perdona!

El tío, impecablemente peinado, trajeado y con maletín, se giró y me sonrió.

—¡Hola!

—Perdona, es que has dejado el coche ocupando las dos plazas. ¿Te importaría moverlo un poco?

Al fulano se le borró la sonrisa y se giró para mirar su coche.

—Cabes de sobra.

¿Eso es un no? ¿Me está diciendo que no?

—Eh… No, mira, no quepo porque tienes el culo del coche totalmente atravesado y no puedo girar. ¿Lo puedes mover, por favor?

—¿No sabes aparcar o qué? ¿Necesitas que te lo aparque yo?

¿QUÉ?

—No, no necesito que me lo aparques tú, necesito que aparques bien el tuyo.

El tipo volvió a mirar su coche, se giró de nuevo hacia mí y repitió:

—Cabes de sobra. —Y, mientras se giraba para irse, lo oí farfullar—. Una tía tenías que ser.

Lo miré, boquiabierta, mientras se alejaba.

¿Cuántas veces podría pasarle por encima con el coche sin que se considerara ensañamiento?

Hice lo que hago siempre cuando me enfado con otro conductor: anoté mentalmente su matrícula para vengarme en el futuro. Aunque luego no consigo recordar ni una. Por fortuna para la mitad de los conductores que alguna vez han pasado por esta ciudad.

Seguí dando vueltas. Ni un sitio. A diez minutos de mi hora de entrada tuve que decidir entre aparcar cerca en zona azul o aparcar a tomar por culo.

Ya que me voy a ahorrar la cena, hoy aparco en la puerta.

Y me fui a la zona azul. Aunque «en la puerta» es relativo, porque en realidad aparqué a dos manzanas y, además, solo tenía treinta céntimos sueltos para la ORA, pero, bueno, luego le pediría suelto a Javi y volvería a cambiar el *ticket*. Tuve que correr para, al final, llegar igualmente cinco minutos tarde.

Me senté en mi mesa, encendí el ordenador y Javi me dio los buenos días por encima de la mampara.

—Oye, Paz, ¿cómo es que al final quitasteis la música del anuncio?

Perdona, ¿qué?

—¿Que quitamos qué?

—La música. ¿No viste ayer el anuncio en la tele?

Es verdad, lo emitían ayer...

—Ah, pues... No, no, la verdad. Se me pasó por completo.

—Lo emitieron sin la música.

—¿Pero cómo que lo emitieron sin la música?

—Pues eso... —Yo creo que Javi estaba pensando si yo estaba teniendo dificultades para entender el idioma—. Que se emitió tal cual, pero sin la música que le pusiste al final.

—Sin la música.

—Sí.

—La que le puse al final.

—Sí.

—La que nos tuvo tres horas arreglando mi PC.

—Sí, supongo, Paz, no sé —Javi empezó a retraerse hacia su silla—. Bueno, eso, que lo vi sin la música y me pareció raro. Te había quedado muy chulo.

Notaba el pulso en la garganta con tanta fuerza que me imaginé que desde fuera se me vería temblar la yugular. Me levanté y me fui a hablar con Vicente, que estaba de pie buscando algo en sus estantes.

—Oye, Vicente, ¿qué pasó con el anuncio?

Se giró y me miró de arriba abajo con una cara tirando a regular, como si no me hubiera visto nunca o como si yo hubiera ido a trabajar en bragas.

—¿Qué ha pasado de qué?

—Me dice Javi que el anuncio se emitió sin la música.

—Ah, eso. Sí, no me gustaba. Le pedí a Amelio que se la quitara antes de mandarlo. —Y se volvió a girar hacia el estante.

Cálmate, Paz, respira por tu madre. RESPIRA. Te tiraste cuatro horas con esa mierda, no atendiste a tus hijos y has discutido con tu marido, PERO TÚ RESPIRA.

Yo estaba ahí, notando cómo mi párpado derecho empezaba a tener un tic nervioso y comenzando a sentir el pulso en las puntas de los dedos, y Vicente, dándose cuenta el muy sagaz de que no me iba, se dio de nuevo la vuelta y volvió a mirarme desde su condescendencia de jefe moderno de postureo.

—¿Pasa algo, Paz?

Te voy a matar despacio, Vicente.

—Me habría gustado que me lo comentaras, la verdad. Invertí bastante en ese vídeo.

Y el muy imbécil ni siquiera se dignó a contestarme verbalmente. Meneó la cabeza con desgana y volvió a mirar a su puta estantería.

Me fui a mi mesa.

—¿Qué ha pasado, Paz? —me preguntó María cuando me vio sentarme—. Tienes mala cara.

¡Vaya, hombre! ¡Mira! ¡Es la frase del día!

—Nada, Mari —dije, suspirando con resignación—. Tonterías.

A ver, Paz. Céntrate. ¿Qué tienes que hacer hoy?

E hice un repaso mental por todas las cosas geniales que iba a hacer y se habían ido al carajo. Tenía que llamar a un montón de sitios para cancelar las citas. Llamé primero a la peluquería de Sara, disculpándome mucho por cancelar el mismo día, que me imagino que tendrían la agenda llena; luego a Crème Vanille, y también le pedí perdón a Eva por tener que anular la cita con tan poco tiempo; y para cuando llamé al restaurante ya no me quedaban disculpas pero sí mucha vergüenza por tener que cancelar la reserva en un restaurante italiano EL MISMO DÍA de San Valentín.

No podré volver a reservar mesa en este sitio jamás.

Dejé para el final la llamada más difícil de todas. Respiré hondo varias veces, me preparé para lo que podía venir, y marqué.

—Hola, mamá.

—¡Hola, hija! Qué bien que me llames. Estoy en el súper. ¿Qué le compro a Teo para merendar? ¿Un potito o come lo que los otros? ¡Les he hecho rosquillas!

Ay...

—Mami, muchas gracias... —*ufff...*—, pero al final no va a hacer falta que te los quedes hoy. He tenido que cancelar los planes.

Se hizo un incómodo silencio.

—¿Por qué? —preguntó al final mi madre, audiblemente decepcionada—. ¿Qué ha pasado?

¿Qué hago? ¿Le miento?

—Nada, mamá, un cúmulo de cosas.

—¿Pero Didier y tú estáis bien?

Le miento.

—Sí, sí, mamá, claro. Es que mira, he tenido una semana horrible en el trabajo, que hay una cosa importante que me ha salido mal...

—*Insuficiente*—. Y Teo anda un poquito regular... —*Aún insuficiente*—. Y nada, que no me apetece, mamá, estoy desganada. Prefiero dejarlo todo para otro día.

—Podéis venir a merendar igual si queréis.

Jo...

—Mamá, de verdad, es que no me apetece.

—Ay, Paz, te noto triste.

—Es que estoy cansada, mamá.

—Mari Paz, tú cuídate no vayas a entrar en una depresión, ¿eh?

Ya estamos.

—Que no, mamá.

—Tú fuerte, ¿eh, Paz? Que eres el pilar de tu familia.

Hasta el coño estoy de ser pilar de nada, madre.

—Que síííí, mamááá...

—Que si tú te caes, se cae todo. Tú fuerte.

BUENO, YA ESTÁ BIEN.

—¡Joder, mamá! ¡No hace falta ser un puñetero pilar indestructible todo el rato, ¿sabes?!

—Bueno, mujer, yo solo digo…

—¡Ya, mamá, ya! ¡Ya sé lo que dices! Pero es que soy una persona, ¿vale? Y yo también tengo derecho a estar triste, y a tener un día de mierda, o una semana de mierda, o un mes entero de mierda, y sentirme agotada y tener ganas de mandarlo todo a la mierda. Y no pasa nada, ya se me pasará, pero tengo TODO EL PUTO DERECHO DEL MUNDO A SENTIRME ASÍ. ¿O no? ¿NO PUEDO ESTAR HASTA LOS COJONES, MADRE?

—Uy, hija, yo *pa* que me grites no, ¿eh? Ya si eso hablamos en otro momento.

Mierda…

—Joder, mamá, perdona, pero es que estoy harta ya. Solo me falta que me quiten el derecho a estar HASTA LOS HUEVOS.

—Que sí, Mari Paz, que ya hablamos en otro momento.

Y me colgó. Mi madre. A mí. Me colgó.

¿PERO CÓMO TE ATREVES A COLGARME, MADRE? ¿CÓMO TE ATREVES?

Y entonces oí lo último que quería oír. El número uno de mi lista de sonidos aberrantes, justo por encima de una tortuga macho copulando: la puta voz de Amelio. No, peor: la puta voz de Amelio dirigiéndose a mí.

—¡Hombre, Paaaaaaaaaaaz! ¡¿Pero cómo le hablas así a tu madre, mujer?!

ESTO YA ES EL COLMO.

Me giré en la silla y me puse de pie para encararme a él. En mi cabeza le iba a hablar despacio y elegante, como un mafioso acariciando a un gato. Pero por alguna razón que no me explico le acabé hablando como hablaría un globo de helio pinchado y descontrolado si los globos pudieran hablar.

—¿PERO ME VAS A DECIR TÚ AHORA CÓMO COÑO TENGO QUE HABLAR CON MI MADRE, GILIPOLLAS?

La cara de Amelio era un poema. Las caras de Javi y María no las veía, pero las sentía en la nuca y tenían la misma pinta que la de Amelio.

—Pero bueno, Mari Paz —*¿que me está llamando Mari Paz el imbécil este?*—, ¿a ti que te pasa? ¿Te has vuelto loca? ¿Estás de regla o qué?

QUE ME LO CARGOOOOOO.

—¡TÚ, ME PASAS, AMELIO! ¡TÚ! ¡SACA TU PUTA NARIZ DE MI CULO YA, JODER, QUE PARECE QUE ESTÁS EN ESTA EMPRESA NADA MÁS QUE *PA* JODERME, COÑO! ¡QUE ME TIENES HARTA! ¡VETE A TOMAR POR CULO YA!

Amelio, sorprendentemente, en lugar de replicar, puso cara de pobrecito, bajó la vista, giró en redondo y se fue. Yo me sentí muy bien conmigo misma. Preocupantemente bien. Pero duró poco porque, al instante, por detrás de mí llegó otra voz.

—Paz, vamos a hablar a mi mesa, por favor.

Me giré y me puse tan pálida que hasta yo podía ver la luz saliendo disparada de mi cara.

—Sí, Vicente.

Lo seguí a su mesa sintiendo cómo la desesperación iba poco a poco haciendo presa en mí.

Me cago en la puta... Que este gilipollas me va a costar el trabajo...

—Paz —comenzó a decir Vicente con el semblante tremendamente serio—, va a ser mejor que te vayas.

¿Me estás despidiendo, Vicente?

—¿Estoy despedida?

Vicente se quedó un rato en silencio.

—Creo que hoy no estás en condiciones de trabajar. Vete a casa y el lunes hablamos.

Asentí en silencio. Fui a mi mesa a por mi bolso y mi chaqueta, les dije adiós a todos con la manita y me fui.

Unos metros antes de llegar al coche, distinguí el papelito bajo el parabrisas.

Nooo...

Noventa euros de multa. Miré a un lado y otro de la calle, esperando ver al vigilante de la ORA por allí. Pero no veía a nadie y, total, para qué. Seguro que, con mi suerte, si dejaba el coche sin vigilancia me caía otra multa.

* * * *

Era tontería ir a casa y volver a salir a las dos para ir a buscar a Teo, así que desde el trabajo me fui directa a buscarlo. En cuanto puse un pie dentro mi aroma debió invadir todos los pasillos de la escuelita, porque a los diez segundos exactos Marisol apareció de detrás de una puerta, con un pequeño montón de carpetas y libros en las manos, enfocando directamente hacia mí, como si supiera que iba a encontrarme allí.

—¡Ah, Paz! ¡Qué bien encontrarte!

Ostras, Marisol, no... Hoy no...

—Mira, Paz, verás, es que te quería preguntar si has pensado en lo que hablamos.

Ostras, ostras... Esto no va a acabar bien...

—¿Pensado en qué, Marisol?

—En el tema del destete de Teo.

Uff... Respira, Paz.

—Ya veo. Pues no, la verdad, Marisol. No lo he pensado.

—Ah, mira, es que me recomendaron este libro y pensé que te vendría bien.

Y la tía me tendió, de entre el montón que llevaba en las manos, un libro titulado: *Cuando ya no le alimenta. 100 consejos para terminar la lactancia.*

Vale. HASTA AQUÍ.

—Pero vamos a ver, Marisol, ¿te he dicho yo que quiera destetar a mi hijo?

—Bueno, no, pero como lo hemos hablado…

—No, Marisol, no. No «lo hemos hablado». Lo hablaste TÚ.

—Es que. Paz, el niño está muy mal acostumbrado.

—¡Me cago en todo ya, Marisol! ¡Que no es asunto tuyo, joder! ¿Carla se ha quejado?

Por la cara que puso Marisol, evidentemente, no se esperaba que yo tuviera esa salida.

—A ver, no, pero es que en la puerta da una imagen…

—¿Por qué? ¿Porque llora?

—Claro.

—Marisol, en la puerta **TODOS** lloran.

—Ya, pero es que el tuyo llora cuando le quitas la teta.

—Espera, ¿entonces cuál es el problema de imagen exactamente, Marisol? ¿Que el bebé llore o que esté tomando teta?

—Bueno, Paz… Es que, entiéndelo, hay personas que se pueden sentir violentas al verte ahí en la puerta…

Así que era eso.

—Mira, Marisol, te lo voy a decir solo una vez: si yo le doy o no teta a mi hijo no es asunto tuyo, que te quede claro. Bien podías haberme venido de frente a pedírmelo con educación y no habría tenido problema en ser más discreta, pero ahora te puedes ir a la mierda, Marisol. De aquí al lunes me pienso si volver a traer a Teo. Y ahora me voy a por mi hijo que tengo prisa.

Y dejé a la directora con cara de susto, de pie en el pasillo, con su «cuando ya no le alimenta» aún tendido en la mano.

Fui al aula de Teo para llevármelo y Carla me preguntó si había pasado algo, porque probablemente me vio muy alterada.

—Que te lo cuente Marisol.

A la mierda ya. A la mierda todo.

* * * *

Recogí a los niños a las cuatro y en cuanto me abrazaron algo dentro de mí volvió a su sitio.

Cuando Didier llegó por la noche a casa nos encontró sentándonos a cenar. Se sirvió un plato y se sentó con nosotros. Yo estaba callada, revolviendo los champiñones en mi plato.

—¿Qué tal hoy? —preguntó Dero.

Hubo un silencio.

—Paz —y alcé la vista hacia él—, ¿qué tal hoy?

Meneé la cabeza y suspiré.

—No sé ni por dónde empezar, Didier… —resoplé con pereza—. Mejor hablamos luego.

Cuando terminamos de cenar, yo dormí al bebé mientras Dero acompañaba a los mayores a la cama. Teo se durmió el primero, y fui a sentarme un rato en el sofá. Encendí la tele y me quedé empantallada, aunque en realidad no la estaba viendo. Solo quería que el día de hoy se terminara de una puta vez.

Dero llegó después de un rato y se sentó a mi lado. Yo seguía mirando al frente, y vi por el rabillo del ojo que él me estaba observando. Extendió un brazo hacia mí. Yo le miré, suspiré, y acepté el abrazo. Me acurruqué sobre su pecho y me dejé mimar un poco.

—¿Qué ha pasado, Paz?

Suspiré otra vez.

—Muchas cosas para un viernes. Prefiero dejarlo para otro momento.

—Vale. —Me besó el pelo—. Oye, le he cambiado el turno a Aitor la semana que viene, por la que me debía. Así que estaré de mañanas, ¿vale?

—Joder, qué bien. —No sabría decir por qué sentí un gran alivio en mi interior —. Dero… —*Ay, qué difícil es esto*—. Siento lo del otro día. ¿Sabes qué? Tenías razón. Tendría que haber delegado el trabajo o haberle parado los pies a Vicente. No debería haberme traído el trabajo a casa. Es que… Creí que me iba a llevar mucho menos tiempo.

—Tranquila, *amore*. No fue culpa tuya. Yo también siento haberme puesto así, no fui justo contigo.

—Joder, Dero, es que… —Me incorporé—. ¡Qué frustración, joder!

—¿Qué te pasa?

Hice un repaso mental por las últimas semanas y me apetecía ponerme a gritar.

—Es que todo me sale mal, Didier…

Dero volvió a estirar el brazo hacia mí.

—Ven —me dijo.

Me dejé caer otra vez sobre su pecho y respiré profundo.

Esto está bien.

—¿Sabes una cosa, Paz? A lo mejor no es que todo te salga mal: a lo mejor solo es que no te sale como tú esperas.

Me incorporé ligeramente para mirar a la cara de mi marido que por lo visto ahora es *coach* espiritual.

257

—Mamá —Gabi apareció por la puerta del salón—. No puedo dormir. ¿Me lees un poco?

Dero se levantó.

—Ya voy yo.

—¿Y no puede venir mamá?

—Voy yo, Dero, tranquilo. —Y le di un beso—. Tú ve acostándote si quieres.

Acompañé a Gabi a su cama, le besé la frente y me quedé mirando su cara de niño feliz porque mamá le iba a leer.

—Gabi —susurré.

—Qué.

—Te quiero muchísimo.

—Y yo a ti más.

Sonreí.

—¿Dónde nos habíamos quedado? —Y cogí el libro de su escritorio—. A ver… Aquí: «Entonces abrió la última puerta, y descubrió que todo el camino la había llevado al mismo lugar donde había empezado todo…».

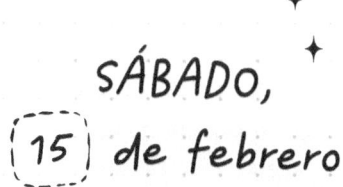

SÁBADO, 15 de febrero

Me levanté la primera por la mañana. Estaba en el baño haciendo pis cuando Didier entró y vino hacia mí.

—Buenos días, *amore*. —Y me dio un beso mañanero ahí, mientras yo estaba sentada en el váter con las bragas tobilleras—. ¿Estás mejor?

—Estoy meando, Didier —dije, riéndome—. Y aguantándome un pedo. Vete.

Didier se echó a reír.

—¿Y por qué te aguantas?

—¡Porque aquí hace eco, Didier! —Me partía de la risa—. ¡Vete ya, coño!

Y le lancé el cartón de un rollo de papel higiénico agotado, que de esa artillería siempre hay de sobra en mi cuarto de baño.

Didier salió del baño riéndose y lo oí meterse en la cocina y empezar a trastear con la cafetera. Y yo me quedé pensando si la vida bonita no sería simplemente eso: tener a alguien que siempre quiera darte un beso; hasta cuando estás haciendo pis.

* * * *

Pratchett diría que llovía tanto que las gotas de agua hacían cola en el aire para estrellarse contra el suelo; Follet que el cielo estaba oscuro como en la antesala del fin del mundo; yo voy a limitarme a decir que estaba cayendo la de dios.

No hay palabras para explicar cuánto. Como si el estado natural del aire fuera líquido y no gaseoso, pero líquido con puntas de alfiler que se te clavan en los brazos mientras quitas la ropa del tendal. Que podría uno pensar que la culpa de que estuviera lloviendo así era mía, por haber tendido fuera. Pero no: la culpa era de Didier, claramente, que el viernes había ido a lavar el coche.

Y puede que esto sea impopular, pero a mí, desde que soy madre, los fines de semana de lluvia me encantan, porque no me siento culpable si el plan es quedarse en casa. La lluvia como excusa para camuflar mi pereza. *Diabólicamente perfecto*.

Construimos en el salón nuestro Fuerte de las Pelis con sillas de la cocina, pinzas de la ropa y todas las mantas y cojines de la casa, y hasta la guirnalda de luces del Ikea que le da ese toque mágico sin el que no sería nuestro Fuerte de las Pelis. Dero fue al quiosco con Gabi en plan salida fugaz —tanto que Didier ni siquiera se quitó la camiseta de publicidad del Gigante Verde que usa para andar por casa— y volvieron con una bolsa enorme de chucherías para los niños. Maya y yo preparamos la mesa del fuerte con batido de chocolate. Yo añadí algo de fruta, porque no pierdo la esperanza. Y nos pasamos la tarde haciendo una maratón de pelis.

Confieso que cuando le llegó el turno a *Frozen* yo saqué la novela que tenía aparcada desde hacía un mes —porque veintisiete es mi límite de visionados de *Frozen*— y leí tranquilamente en el sofá, tapada con la manta de franela de abuela que era la única que, por corta, no había dado con sus pelusas en el fuerte. De vez en cuando levantaba la vista del libro y miraba a mis hijos, acurrucados entre toneladas de cojines de colores, bajo la suave luz de la guirnalda anaranjada. Yo tenía las piernas estiradas en el sofá, y al otro lado de ellas Dero me masajeaba distraídamente los pies mientras con la otra mano cacharreaba con el móvil, y sonreía de vez en cuando, probablemente por algún meme absurdo. El olor del chocolate de los niños me llegaba con sutileza y persistencia, y el sonido de la lluvia sobre el asfalto de la calle era un susurro que me recordaba que en mi hogar estaba a salvo.

A las nueve de la noche coronamos el día de fuerte, peli y manta: pedimos unas *pizzas* para cenar y nos las comimos viendo *Frankenweenie*, porque ninguna sesión de cine está completa sin algo de Burton. A Teo no debía gustarle mucho la *pizza,* porque me lanzó su trozo con tanta puntería que cuesta creer que no fuera a propósito, y me pringó de tomate toda la ropa.

El bebé se quedó dormido en el sofá antes de terminar la peli. Mientras Dero recogía el salón, yo fui con Gabi y Maya a la cama.

—¿Podemos dormir hoy con vosotros?

Y los dos empezaron a emitir esos gemiditos de gatito chantajista. Había sido un día tan tranquilo y perfecto en familia que era imposible negarles eso para rematarlo.

—¡Claro! ¿Leemos algo?

Escogieron cada uno un cuento, me tumbé con ellos en la cama, me puse las gafas y les leí despacio hasta que se quedaron dormidos.

Antes de salir del dormitorio me quité la ropa llena de tomate y abrí el armario para coger algo limpio. Me quedé mirando la bolsa de Ingrediente Secreto, que colgaba aún de una percha escondida entre dos chaquetas. Pensé en el pijama sexi que había dentro.

Después del empacho de pizza cualquiera lo intenta...

Así que estiré la mano al estante de las camisetas viejas y agarré una cualquiera, que resultó ser la favorita de mis hijos: una con todos los Teleñecos.

Salí de la habitación y asomé la vista por el salón. Teo seguía dormido sobre el sofá, y Dero estaba sentado a su lado, mirando el móvil. Pisando despacio para no hacer mucho ruido, me fui a la cocina.

Levanté la vista hacia el armario de las mierdas azucaradas.

A la mierda, ya. De perdidos al río.

Saqué una cuchara del cajón, abrí el armario y la bisagra se partió definitivamente en dos. Saqué el bote de Nocilla y metí la cuchara dentro como si mi único propósito en la vida fuera conseguir amontonar un kilo de chocolate en una cuchara sopera. Saqué la cuchara del bote cuando consideré que estaba en su límite de resistencia. Me puse de espaldas a la encimera, me apoyé con la mano libre y, de un salto, me senté encima.

Contemplé mi reflejo en la ventana mientras lamía la Nocilla de la cuchara. De pronto me vi en el antebrazo esa línea que me decía Vane, y supe a qué se refería: es como una pequeña hendidura, ahí donde se separan hueso y músculo, que se va pronunciando con la edad. Seguí lamiendo la Nocilla y miré mi imagen despacio, en su conjunto y al detalle. A mis casi cuarenta aquí estoy: el pelo rosa, unas gafas tan viejas que les faltan cuatro días para volver a estar de moda, una camiseta de los Teleñecos que es de todo menos sexi y se me ven los pelos del chirri sobresalir por los lados de unas bragas que me quedan pequeñas, porque lo de comprar ropa interior nueva lo debí apuntar en la lista de prioridades de otra persona, porque en la mía no está.

Bueno —pensé mirando las bragas mientras lamía la Nocilla—, *a lo mejor cuando adelgace me vuelven a quedar bien.*

Y entonces, de algún punto justo por debajo de mi estómago, surgió una enorme bola de aire que trepó por mi garganta y me salió por la boca en forma de carcajada. Empecé a reírme descontroladamente, viendo mis pintas en la ventana de la cocina. ¡Por diosa! ¡No podía estar peor!

Y justo así estaba, partiéndome el culo, cuando Didier entró en la cocina y pasó por mi lado.

—¿De qué te ríes? —quiso saber.

—Pues es que, ¿sabes qué?

—Qué.

—Que hace tiempo que tengo la sensación de que mi vida es un drama permanente, y me acabo de dar cuenta de que no.

—¿Ah, no?

—¡No! Ja, ja, ja, ja, ja.

—Ah —dijo él, dubitativo —. Y entonces ¿qué es?

—Ay, cariño… Mi vida… Ja, ja, ja, ja… ¡Mi vida es UNA PUTA COMEDIA!

Didier puso una cara de perplejidad tan exagerada y evidente que yo no pude contener una carcajada que me nació en el mismo centro del ombligo. Lloraba de la risa. Cuanto más me reía, más rara se ponía la cara de Didier, y cuanto más raro me miraba él, más me reía yo, y no era capaz de parar.

Dero no dejaba de mirarme como si lo que tuviera delante fuera una hiena puesta de cafeína, así que, como para traérmelo conmigo a esa espiral absurda de risa sin sentido, casi como un acto reflejo, estampé contra su mejilla la cuchara aún embadurnada de Nocilla. Me miró con su cara de «a esta tía se le ha ido la pelota del todo», pero en la que yo prefiero leer un «eres superespecial y diferente y te quiero mogollón». Aún sin parar de reír, lo agarré por la camiseta y lo acerqué hacia mí.

—Ven que te limpio —le dije.

Y empecé a lamerle la cara como una vaca, ahí donde la cuchara había dejado un riquísimo surco de chocolate. Y entonces algo pasó: él, sonriendo conmigo, me agarró por la cintura, y yo, aún sin dejar de reír, le fui lamiendo el chocolate menos como una vaca histriónica y más como una mujer normal. Y él se fue acercando más, y cuando se acabó el chocolate en su mejilla lo besé, y me besó, y sonriendo los dos nos besamos mucho. Mucho. Como cuando éramos novios y nos metíamos de repente en cualquier portal para comernos la boca. Así de mucho.

Me quitó mi camiseta de-todo-menos-sexi de los Teleñecos, y yo le quité su camiseta raída del Gigante Verde, y nos seguimos besando mucho, divertidos y cálidos, y de pronto...

¡Hostia, qué frío! ¿Qué ha pasado?

Y lo que había pasado era que mis bragas, esas que me quedaban pequeñas, habían desaparecido y yo tenía el culo desnudo sobre la encimera de la cocina. Una miga de pan se me estaba clavando con saña en el muslo, pero yo seguí sonriendo y besando sin remedio, sobre el frío mármol, mientras nuestros cuerpos tibios se entrelazaban en ese momento perfecto, en ese sitio estupendo donde, a diario, preparamos los desayunos para toda la familia.*

—*Hijos míos, lo entenderé si algún día leéis esto y decidís dejar de hablarme. Pero pensad que unos padres felices son más importantes que todos los desayunos de avena y aguacate del mundo—.

Fue el polvo más perfecto que me habría podido imaginar. Solo porque éramos nosotros: él y yo. Sin artificios, sin planes, sin expectativas. Solo nosotros y la promesa de silencio de la encimera de la cocina.

Cuando terminamos, nos quedamos abrazados un rato. Hundí la nariz en su cuello y respiré profundo.

—Me encanta tu olor...

—No me he duchado.

—Pues será por eso. —Y aspiré otra vez—. Creo que el lunes voy a tener que pedir perdón en el trabajo.

—También puedes mandarlos a la mierda y no volver.

—Ya... Pero no, hay que ser realistas, Dero. No podemos prescindir del sueldo. Pediré perdón. Pero probablemente busque otra cosa.

—O podrías ponerte por tu cuenta.

—También. Y he tenido movida con Marisol.

—¿Con Marisol?

—Sí.

—Bueno, a Marisol le quedan dos días para jubilarse. Y si tenemos que sacar a Teo mientras tanto, pues lo sacamos, seguro que podemos arreglarlo, *amore*, tranquila.

—Y tengo que llamar a mi madre y pedirle perdón.

—¿Por?

—Ayer le grité.

—No sería para tanto.

—Me colgó.

—¿Te colgó?

—Sí.

—¿Ella a ti?

—Sí.

—¿Tu madre?

Me dio la risa.

—¡Sí! ¡Mi madre! ¡Me colgó!

—Bueno —dijo Didier con calma—. Es tu madre. Si te ha perdonado ir por ahí con ese pelo, seguro que te perdona cualquier cosa.

—¡Oye! —le grité mientras le lanzaba un trapo de cocina a la cara.

—¡Eh! ¡Agredir a un hombre desnudo es de cobardes!

—Bueno —dije, juguetona—, sé hacer más cosas con un hombre desnudo.

Dero se acercó para besarme otra vez. Y en ese momento se oyó un sollozo que llegaba desde el salón.

—Mamá… Mamá…

Didier y yo nos miramos y sonreímos.

—Pues nada —dije, suspirando, mientras buscaba alrededor—. ¿Dónde están mis bragas?

UN MES Y CUATRO DÍAS DESPUÉS

DOS MINUTOS. Desde el día que echamos ese superpolvazo en la encimera de la cocina, algo cambió. Diría que algo entre nosotros, pero creo que no sería cierto: algo cambió en mí.

Me di cuenta de que estaba tan empeñada en encontrar el momento perfecto que dejaba escapar oportunidades deliciosamente imperfectas. Así que me relajé. Cero planes, cero expectativas. Porque lo importante, lo único importante de verdad, somos nosotros. Y si nosotros estamos bien, todo lo demás es accesorio.

Así que, desde ese día, no hemos desaprovechado una ocasión. No importa dónde, cuándo o durante cuánto tiempo. Hemos descubierto un nuevo plano donde las veces que queremos y no podemos también forman parte de una intimidad cómplice, y las veces que podemos nos cogemos con más ganas mientras vemos cómo el deseo crece. Yo nunca le había deseado tanto como desde que siento que en este barco vamos los dos. Y tampoco me había sentido nunca tan deseada como ahora. Y eso que aún tengo la cabeza rosa porque, al final, entre la reserva del hotel, el banco de música y la multa de San Valentín se me fue el presupuesto para gastos extra, así que el pelo tendrá que esperar.

UN MINUTO. Creo que nunca, desde que éramos novios, habíamos follado tanto y tan bien como en este último mes y pico. Sí: tanto y tan bien. Las dos cosas a la vez. O al menos hasta hace unos pocos días, que empecé a encontrarme algo revuelta. Sobre todo estas dos últimas noches, que me he sentido, de repente, tan tan agotada que me he quedado dormida en el sofá viendo la tele.

Y luego pasó que, bueno, pues esta mañana me estaba lavando los dientes con mi cepillo eléctrico sin batería, y de pronto me dio una tremenda arcada y vomité en el lavabo. Así que decidí tomar medidas para confirmar que mis sospechas eran absolutamente imposibles y así poder seguir tranquilamente con mi vida, y me fui a la farmacia.

YA. Y ahora aquí estoy, en el baño del trabajo, sentada en el váter con las bragas tobilleras y en estado de *shock*, mirando un test de embarazo positivo.

¡¿PERO QUÉ COÑO HA PASADO AQUÍ?! O sea, ¿en serio? ¿Ahora que por fin recupero mi vida sexual voy y me preño? ¡¿PERO QUÉ ME ESTÁS CONTANDO?! ¡SI ES QUE TODO ME SALE MAL, JODER! Ah, no, perdón, mal no: «no como yo espero». ¡No puede ser, joder! Pero si no puede ser, si tampoco hemos follao tanto... Sí, Paz, sí. Sí habéis follao tanto... ¡Que no, que no, que tanto no y que, además, hemos tenido cuidado! Bueno, que igual ese día en la silla del ordenador...

Lloro. Lloro fuerte y lloro mucho.

Dime

Dero

No me vuelvas a tocar, jamás
Ni con un palo, ni me mires con cariño

Qué dices, Paz
Qué ha pasado

QUE ME DEJES EN PAZ!!
NO ME HABLES!

Paz!
Qué pasa?

¡QUIERO GRITAAAAR!

No pasa nada.

No pasa nada.

Cálmate.

Respira, Paz, RESPIRAAAA.

Ahora sales y guardas bien el test. Que no lo vea nadie. Que no lo vea Vicente. ¡Hostia cuando se lo diga a Vicente! Ay, mierda, me van a despedir...

Ay, joder, pero qué hemos hecho...

Venga, Paz, que no. Tranquila mujer. Tú sigue respirando.

Todo va a ir bien, ya verás como sí.

Didier y yo nos hemos reencontrado, estamos mejor que nunca. Y ya somos unos padres muy experimentados. Seguro, SEGURO que ahora sabremos organizarnos mejor.

Todo irá sobre ruedas.

Solo es uno más.

No puede ser tan difícil, ¿verdad?

¡¿VERDAD?!